鳥瞰する

宗派・教派と教義の違いがわかる

岩城 聰
Iwaki Akira

キリスト教

Introduction to
CHRISTIAN
HISTORY

の歴史

ベレ出版

はじめに

この度、ベレ出版からキリスト教の歴史を概観する入門書を出版することになりました。筆者自身は日本聖公会（イングランド教会およびアメリカ聖公会をルーツとする教派）に属する牧師であり、これまで、キリスト教、特に聖公会に関連した翻訳書および著作を出版してまいりました。しかし、ともすればこれらの分野の翻訳書や著書は専門色が強く、キリスト教とのつながりのない方には用語その他の点で理解が難しいことが多かったように思います。また、私自身も含めて、日本の人々には東欧やロシア、ウクライナ等の国々に対して、ましてやそれらの地域の教会に対して馴染みがなく、最近のウクライナ問題のキリスト教的背景に関する理解が十分できていないことは否定できません。一方、最近の世界の出来事を見ますと、ロシアによるウクライナ侵攻以外にも、パレスチナ問題、カルト集団による日本政界の隠然たる支配などは、キリスト教の歴史や教義をある程度知っていなければ十分な理解ができないと思われます。

鳥瞰という言葉があります。鳥が空を飛ぶように地上の全体図をつかむという意味です。本書ではキリスト教についての鳥瞰図を提供することを目指しています。しかし、キリスト教の歴史の全体図を理解するには、そこかしこにある目印を的確につかむことが必要です。本書ではその目印となる重要な出来事を中心に記述するように努めました。細部の正確さや専門性はある意味で棚上げすることにし、複雑な事象をわかりやすく整理します。また、キリスト教の信徒以外の方にも理解していただけるように、できるだけ客観的な記述を行うように心がけました。そのため、キリスト教という宗教の負の側面からも目をそむけないようにしました。また、キリスト教史の枠組みとなる一般史の記述にも注意を払いました。聖書の記述に依存する以外に資料がない場合には、聖書の伝承による旨を記しました。

これまで日本でもキリスト教の通史を扱った優れた著作が出版されています。最近では教文館から『キリスト教史』（菊地榮三、菊地伸二著、２００５）が出ています。本書はこの本に大きく助けられていることをお断りしておきます。『宗教の世界史―キリスト教の歴史１・３』（山川出版社、２００９〜２０１３）、『総説キリスト教史１・２・３』（日本キリスト教団出版局、２００７）も総合的な知見を提供してくれました。さらに、それぞれの章で、異なる時代の異なる国々でのキリスト教のあり方を教示してくれる先行の研究書があります。これらの先達に敬意と感謝を申し述べたいと思います。なお、聖書からの引用はすべて『聖書協会共同訳』によっています。

歴史を振り返るとき、それぞれの国家や文化のバックボーンを成す宗教思想をある程度知らなければなりません。そういう意味で、現下の錯綜する国際情勢を読み解く一つの手がかりとしていただければ幸いです。特に、一つの地続きの大陸で生まれたユダヤ教、キリスト教、イスラム教、仏教は、ヨーロッパ文化圏、イスラム文化圏、仏教文化圏と、世界史を形成する主要な原動力の一つとなっています。ですから、これらの宗教の教義や典礼、美術、政治的主張が一般史の軸となっている様子を理解すれば、世界がどのように動いてきたか、どのように動こうとしているかをより深く理解することができると思います。また、疑似キリスト教とでもいうべき新宗教や「異端」と言われる宗教団体と、伝統的キリスト教の相違点についても第12章で触れたいと思っています。

激動する世界を読者のみなさんが理解する上で本書が一助となればと願っています。

目次

第3章 ヨーロッパ世界の形成……47

第8章

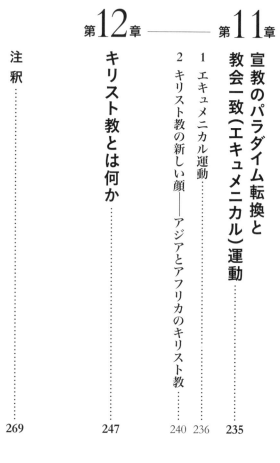

第1章

キリスト教はどのように誕生したか

1 イエス・キリスト誕生の前夜

世界中で二十数億の人々が信じているキリスト教は、言うまでもなくイエス・キリストの言葉と行いが出発点になっています。では、この「ナザレのイエス」は、一体どのような状況の下で生まれてきたのでしょうか。まず、イエス誕生に至る「ユダヤ（現在のイスラエル／パレスチナ）」の状態について見てみたいと思います。

パレスチナの地は、古代はカナンと呼ばれ、エジプト、アッシリア、バビロニア、ペルシア、ギリシア、フェニキアなどの勢力が互いに衝突し、興亡を繰り返した土地です。と同時に、多様な文明が交差し、経済的にも豊かな交易が営まれてきた土地でもあります。紀元前10世紀頃、ここにダビデとその息子のソロモンを王とするイスラエル王国が誕生したと伝えられています。それ以前にカナンと呼ばれていたこの地には、多様な民族が共生し、時には衝突を繰り返していましたが、その中で、12の部族の連合体であったイスラエルが王国を建て、支配権を確立しました。しかしこの国は、ソロモン王の死後、北のイスラエル王国と南のユダ王国に分裂し、紀元前722年にはイスラエル王国がアッシリアによって滅ぼされました。アッシリアはカナンの男性を拉致、強制移住させ、他民族の男性を植民させて混血政策をとり、[1]民族のアイデンティティそのものを奪い去るという過酷な占領政策を進めました。

紀元前586年には南のユダ王国が新バビロニア王国によって滅亡へと追い込まれます。この時、数千人とも数万人とも言われるユダヤ人（主として支配的・指導的な人々）がバビロンに連行され、近郊のケバル川沿いの地域に移住させられます。一種の強制収容所です。この時、ユダヤ人の中に「神はイスラエルを必ず守ってくれる」とする民族の守護神としての信仰に対する反省が生まれ、一方では神は宇宙を創造され、イスラエルを救済する遠大な計画を持っているという新たな信仰が生まれると同時に、イスラエルが滅んだのは神の命令に背いたからだとする律法遵守の重要性を強調する信仰や、世界の諸民族に対する神の愛を説く信仰、必ずイスラエルを救うメシア（救世主・キリスト）が出現するという思想が生まれるようになりました。

その後パレスチナ地方は、ペルシア帝国の下での一時的な自治の時代を経て、ヘレニズム帝国の一つであるセレウコス朝シリアの支配を経験します。この支配を覆してユダヤ人の独立を再び獲得したのがマカベア朝（ハスモン朝、紀元前140頃～37年）でした。そしてこのマカベア朝の王位継承者が絶えたのを機に、ヘロデ（大王）がローマ帝国を後ろ盾にして王位を乗っ取り、残酷な支配を行います。そのためユダヤの人々のメシア待望が強まるようになるのです。

2 歴史的存在としてのイエス・キリスト

このような状況の下で、ナザレのイエスは誕生します。

新約聖書によれば、今から2000年以上前（紀元前8〜4年と推測されます）に、当時ユダヤと呼ばれていた地方で、ヨセフとマリアという大工の夫婦に一人の幼子が生まれました。〈2〉イエスと名付けられました。これが後に救い主（メシア＝キリスト）とされるイエス・キリストです。その記録や証言は新約聖書の中に記されています。しかし、聖書の記述から実際に存在したイエス（「史的イエス」「歴史のイエス」）がどのような存在であったかを再構築できるかどうかは、現在でもなお聖書学の重要なテーマになっています。全くのフィクションだという人もいれば、記されていることはすべて事実だという人もいます。筆者は聖書には、歴史的出来事の痕跡や記憶が含まれていると考えています。聖書からはイエスの人物像について、少なくとも次のことが言えるでしょう。

・ユダヤ教の伝統の中に生まれ、[3] ユダヤ人として育ったが、保守的なユダヤ教（神殿祭儀を中心とするサドカイ派、律法の教えを頑迷に守るファリサイ派など）を批判し、人々の生きた信仰を守ったこと。

・下層の人々、病気やローマ帝国による収奪に苦しむ人々を愛し、そのためにユダヤの支配層とローマ帝国から排斥され、迫害されたこと。

また、聖書には、次のような多くの奇跡物語が含まれています。

・病気の人々を癒やし、目の見えない人を見えるようにし、足の萎えた人を立ち上がらせたこと。その他、わずかなパンと魚で数千人の人々を養ったり、湖の上を歩いたり、様々な奇跡を行ったこと。

これらの奇跡が実際にどのようにして起こったのか、あるいは文学的創作なのかは、本書の主題から外れます。しかし、その奇跡行為が基本的に病で苦しんでいる人など、社会的弱者に向けられていることに注意したいと思います。自らの超能力をひけらかすための奇跡ではないと言えるでしょう。

ここから見えてくるように、イエスの生（そして十字架上の死）は、強烈なインパクトを人々の間に与えたと思われます。それは当時のユダヤに広まっていた「メシア」（救世主）と重ねられ、やがて人々は「キリスト」（ギリシア語で「油注がれた者」[4]＝ヘブライ語・アラム語では「メシア」）という称号をつけて「イエス・キリスト」と呼ぶようになったわけです。ですから「イエス・キリスト」という場合、イエスは名前ですが、キリストは名字というわけではありません。

このイエスは、ユダヤ人支配層からは「自分を神とする瀆神《とくしん》（神への冒瀆）」という罪状をつけられ、ローマ帝国からは「ユダヤ人の王を称する危険人物」と考えられて、当時最も残酷な刑罰と言われていた「十字架刑」によって殺されました。ポンティウス・ピラトゥス（ポンテオ・ピラト）がローマ帝国の第5代ユダヤ属州総督（在任26～36年）であった期間に起こった出来事でした。一般に紀元33年の春であったと考えられています。

イエスの誕生については、マタイによる福音書とルカによる福音書[5]の中に伝承が記されています。その記述を追ってみましょう。それによれば、ガリラヤ地方のナザレに暮らす少女マリアに天使が現れ、「聖霊によって身ごもる」と告げることから始まります。許嫁《いいなずけ》の大工ヨセフはそのお告げに悩みます。マリアはまだ男性関係もない14～16歳の少女で、ヨセフの子どもを身ごもるはずがなかったからです。しかもユダヤ教の掟によれば、夫や許嫁以外の男性の子を宿した女性は、石打で処刑されることになっています。ヨセフは悩んだ末、生まれてくる子を自分の子として引き受けることを決心します。ちょうどその頃、ローマ皇帝による人口調査の命令が出され、２人は古代イスラエル王国の偉大な王ダビデの子孫であったため、人口登録のためダビデの故郷ベツレヘムに向かうのです。このベツレヘムでイエスが誕生します。イエスの降誕日（クリスマス、降誕祭）の日付については歴史的な確証がありませんが、聖書の記事や聖書外の史料から、紀元前４年頃と推定され、後に教会暦上の12月25日に祝われることになります。ユリウス暦[6]を採用している東方の教会では、１月７日が降誕祭に定められています。

3 キリスト教の誕生

このイエスは30歳頃から「神の国の宣教」に立ち上がり、イエス運動とでも言うべき社会的・宗教的改革が生まれます。直接の弟子だけでなく、数百、数千の人々が熱狂的に付き従うのです。人々の多くはイエスを、ローマの支配からユダヤを解放してくれる政治的指導者として期待しました。しかしイエス自身はもっと違う次元で人々の解放と救いを展望していたと思われます。

ユダヤ教支配層とローマ帝国に憎まれて十字架刑に処せられたイエスは、生前に予言していたとおり、死後3日目に復活し、弟子たちの間に姿を現しました。イエスの死によってよりどころを失い、絶望の中にあった弟子たちは、まずマグダラのマリアらの女性を中心に、そしていわゆる12人の弟子[7]たちが復活の信仰に目覚め立ち上がっていきます。

やがてその信仰は当時の地中海世界に広がり、信徒の核が形成されていきます。その様子をいささか絵画的に記したのが、新約聖書にある「使徒言行録」です。その第2章冒頭には「五旬祭の日が来て、皆が同じ場所に集まっていると、突然、激しい風が吹いてくるような音が天から起こり、彼らが座っていた家中に響いた。そして、炎のような舌が分かれ分かれに現れ、一人ひとりの上にとどまった。すると、一同は聖霊に満たされ、霊が語らせるままに、他国の言葉で話しだした」と記されています。これは「聖霊降臨」と呼ばれる出来事で、当時の地中海世界の多様な言語がいきなり人々の口に上ったという「多言語奇跡」を表しています。この記事は、イエス・キリストの復活についての信仰が急速に各地に広まっていった様子を示しています。こうしてユダヤ人だけでなく、当時のギリシア・ローマ世界に向かって宣教が始まりました。キリスト教の誕生です。

生まれたばかりのキリスト教は、はじめはユダヤ教の分派と見なされ、シナゴーグ（会堂）で礼拝を持っていた場合もありましたが、世紀末になるとユダヤ教からは「ナザレ派の異端」というレッテルを貼られ、シナゴーグから追放され、ユダヤ教の日々の礼拝の中で唱えられる「十八祈祷（シェモネ・エスレー）」という祈祷文には「ナザレ人」をはじめとする異端者は滅び去れとする呪いの条項（ビルカト・ハ・ミッニーム）が追加されるに至ります。この頃成立したヨハネ福音書には、そうした事情が反映されています（例：第9章22節など）。こうして、キリスト教は当時のギリシア・ローマ世界全体に広がりますが、これらの教会はそれぞれ特徴を持ち、決して均質的な単一の教会ではありませんでした。ユダヤ人キリスト者を中心とした教会、パウロの宣教によって成立した教会、ヨハネ福音書を生み出した教会、ヤコブの手紙を生み出した教会など、様々な傾向を持った教会が独自の発展を遂げ、やがてそれらが互いに刺激し合いつつ、合流して、初期キリスト教が成立していくのです。その過程は新約聖書の中の使徒言行録などの文書の中に反映されています。

キリスト教が成立していく初期の段階での軋轢《あつれき》としては、ヘブライ語を話すユダヤ人キリスト者（ヘブライオイ）と、ギリシア語を話すキリスト者（ヘレニスタイ。地中海世界に散らばったユダヤ教徒およびユダヤ教の求道者からの改宗者）の間の対立が挙げられるでしょう。ギリシア・ローマ世界への宣教の熱意に燃えたヘレニスタイがユダヤ教の律法の枠組みを打破しようとしたのに対して、ヘブライオイ（ユダヤ人キリスト者）はユダヤ教の律法を引き続き守り、キリスト教徒に対しても割礼を要求しました。しかし、ユダヤ戦争におけるエルサレム神殿の崩壊を経て、ユダヤ人キリスト者の勢力は次第に衰退していったようです。

重大な歴史的出来事として触れておくべきなのは、ローマ帝国によるユダヤ戦争です。66年から73年までと132年から135年までの二次にわたるこの戦争は、ローマ帝国の支配下にあったユダヤ人の反乱によって始まり、70年にはエルサレム神殿が陥落し、73年にはマサダの砦が陥落しました。残存する反ローマ勢力はバル・コクバを指導者として戦いを続けますが、135年には全土で鎮圧され、エルサレムは完全な廃墟となります。イエスの弟ヤコブを中心とするユダヤ人キリスト者はこの戦争に参加せず、ユダヤ北東部のデカポリス地方のペラという町に脱出したと伝えられています。

しかし、すでにイスラエル民族の宗教という枠を突き破っていたキリスト教は、シリアや小アジア地方、さらに遠くのローマなど、多くの地方に広がり、各地で信仰共同体（教会）を形成していきます。

コラム

最初の宣教者パウロ

ユダヤ人で小アジアのタルソスの出身。ユダヤ名はサウロ。テントづくりを生業《なりわい》とし、ローマの市民権を有していました。厳格なファリサイ派の教育を受け、イエスの弟子たちの教えに反対し、生まれたばかりのキリスト教の弾圧の先頭に立っていましたが、その過程で心の中にキリストの声を聞き、180度の回心を遂げます。イエスの直弟子ではないにもかかわらず、キリスト教の宣教の中心となり、その教えを体系づけ、ギリシア・ローマ世界にキリスト教を確立する上で大きな役割を果たします。新約聖書には、パウロの名を冠せられている手紙が13あり、新約聖書の

27文書の半分を占めます。最近の研究では、真正のパウロ書簡は七つであるとされています。紀元60年頃、ローマで殉教したと伝えられています。

第2章

新約聖書と古代キリスト教会

1 聖書とは

キリスト教の教え（教理）は、聖書（旧約聖書と新約聖書）に基づいています。仏教の教えも経典に基づいているわけですが、これらの経典は歴史の中で多数生まれ、宗派によって中心とする経典は異なっています。それに対してキリスト教の場合は、正典（キャノン）といって、文書の数と内容が確定され、それ以上の追加や削除が認められていないのです。旧約聖書は、ユダヤ教もキリスト教も文書の数は39、キリスト教だけが用いる新約聖書の文書の数は27です。なお、旧約聖書という呼び方は「古い契約の書」という意味で、キリスト教の側からの価値判断が含まれていますので、中立的な呼び方としては「ヘブライ語聖書」という呼称を使います。

旧約聖書

旧約聖書は主としてヘブライ語で記され、ユダヤ教の聖書（ヘブライ語聖書〈8〉）と基本的に同じものですが、配列に若干の違いがあります。天地創造から始まり、バビロン捕囚からの解放、第二神殿の建設の頃までの時期を対象とした39の文書からなります。[9]実際に記述・編纂された時期は、バビロン捕囚期とペルシア帝国による監督下にあった紀元前6世紀頃とする学説が有力です。

　内容的には、天地創造に始まって、イスラエル民族の歴史とそこに現れた神の恵みと審《さば》き、預言者による預言、詩編や格言、その他の文学書が含まれています。イエス・キリストの誕生よりずっと以前のことですから、イエス・キリストのことは記されていませんが、そこにはイエス・キリストに関する預言が予型として含まれていると解釈する人もいます。

　紀元前3～1世紀に、アレキサンドリアのユダヤ人共同体で、旧約聖書がヘブライ語からギリシア語に翻訳され、「七十人訳聖書」と呼ばれました。キリスト教成立の時期にローマ・ギリシア世界で読まれていた「聖書」はこの七十人訳聖書です。これには旧約聖書のすべての文書およびその他のいくつかの文書が含まれています。

　ユダヤ戦争後、紀元90年頃に、ファリサイ派のラビ（ユダヤ教の指導者・教師）たちがヤブネ（ヤムニア）というところで会議を開き、ヘブライ語聖書の定義と分類を決定しました。39文書はこの時決定されたのです。16世紀以降の宗教改革者はこのヘブライ語聖書をもとに旧約聖書正典を決定しました。なお、旧約聖書39文書から除外された文書の多くは、「旧約聖書続編」

に収録されています。

新約聖書

新約聖書はギリシア語で記され、27の文書から構成されます。イエス・キリストとその弟子たちの言行を記した四つの福音書（マタイ、マルコ、ルカ、ヨハネ）と使徒言行録、および使徒たちから各地の教会などに宛てられた手紙類から成り立ちます。

たまに、旧約聖書は旧教（ローマ・カトリック）、新約聖書は新教（プロテスタント）が使うと思っている方に出会いますが、これは全くの誤解です。ローマ・カトリックもプロテスタントも、東方正教会も、翻訳された言語は多様ですが、基本的にはすべて同じ原典の新旧両約聖書を用いています。

4世紀にヒエロニュムスが教会会議の要請に基づいて古ラテン語訳を大幅に改訂し、「ウルガタ」と呼ばれるラテン語の新旧両約聖書が生まれます。「ウルガタ」は16世紀にはローマ・カトリック教会公認の聖書となりました。さらに16世紀の宗教改革においては、真正の神の言葉としての聖書を追求する中で、原典としてのヘブライ語（旧約聖書）およびギリシア語（新約聖書）から各国語の聖書が翻訳され、それぞれの国の教会に定着してゆくのです。

2 聖書正典化のいきさつ

キリスト教が生まれて間もない頃は、「聖書」と言えばヘブライ語聖書のことでしたが、やがてパウロの手紙をはじめとする新約聖書の文書が礼拝で読まれることになり、イエス・キリストの生涯と教えを伝承した「福音書」が生まれます。福音書は全部で四つ[10]あり、成立の順番で言うとマルコによる福音書、マタイによる福音書、ルカによる福音書、ヨハネによる福音書となると考えられています。記されたのは紀元70年頃〜90年代です。福音書が付け加わることによって、イエスの生涯にリアリティが与えられ、手紙類と合わさって立体的なイエス・キリスト像が生まれます。

やがて、3世紀から4世紀頃には現在の27文書を正典とする新約聖書が確定されますが、それには一つのきっかけがありました。2世紀前半にローマで活動したマルキオンという人物が、彼独自の新約聖書を編纂したのです。このマルキオン聖書に含まれている文書は次の通りです。ただし、そのどれもオリジナルではなく、マルキオンの手によって改変されたものです。

改変の目的は、ユダヤ教的な色彩を除き、この現世を否定的に描き出すことにありました。〈11〉

①ルカによる福音書

②パウロによるとされる10の手紙（テモテへの手紙とテトスへの手紙を除く）

このマルキオンの聖書はあまりにも偏ったものだったので、異端として排斥されました。そして他の文書も含めて新約聖書正典を編纂しようとする努力が払われ、２世紀後半のものと思われる「ムラトリ断片」（１７４０年にミラノで発見）には、ほぼその後の27文書に近いものが正典に含められるべきだと記されています。〈12〉正典としての27文書が確定したのは、アタナシオス〈13〉の『復活祭書簡』においてです。〈14〉

3 迫害から帝国公認の宗教へ

歴代皇帝による迫害

イスラエルの民族宗教であったユダヤ教の枠を突き破って誕生したキリスト教は、当初はユダヤ人による迫害に直面します。ステパノという初代教会の指導者が石打の刑で殺されたのが一例です。やがて皇帝を神と戴くローマ帝国による大規模な迫害に遭います。多数のキリスト教徒が火刑、磔刑、その他の方法で残虐に殺されていきました。

皇帝ネロによるキリスト教弾圧は小説や映画で描かれているためよく知られています。この時ペテロとパウロという偉大な宣教者が犠牲になりました。しかし、最も広範囲でかつ激しかった迫害は、ディオクレティアヌス帝治世の303〜304年に起こりました。多くの聖職者が棄教を余儀なくされ、所持していた聖書を当局に差し出したと言われています。当時は印刷術がなく、手書きで筆写された一冊の聖書は、まさにそれだけで信仰の全体を意味していたのです。

ミラノの勅令による公認

やがて、313年に「ミラノの勅令」が出されると、キリスト教の信仰は公認されることになります。この頃、ローマ帝国は4人の皇帝（西方の正帝と副帝、東方の正帝と副帝）によって分割統治される「四帝時代」に入っていましたが、相互の戦いの中で西方においてはコンスタンティヌス正帝が勝利し、東方においてはリキニウス正帝が勝利します。彼らはミラノで会合し、キリスト教対策に関して一定の合意に達します。これが「ミラノの勅令[15]」で、その背景には戦いの中でコンスタンティヌスがキリスト教のシンボルを掲げて勝利したという伝承があると言われています。しかしまもなくコンスタンティヌスとリキニウスは戦い、325年にリキニウスは処刑されます。

コンスタンティヌス帝は古代都市ビザンティオンの跡に建設した新しい都コンスタンティノポリスを建設し、この新都は330年にローマ帝国の首都とされ、さらに西ローマ帝国滅亡後もキリスト教国東ローマの中心として発展します。

「ミラノの勅令」によって迫害を免れたキリスト教は、392年にはテオドシウス帝によっ

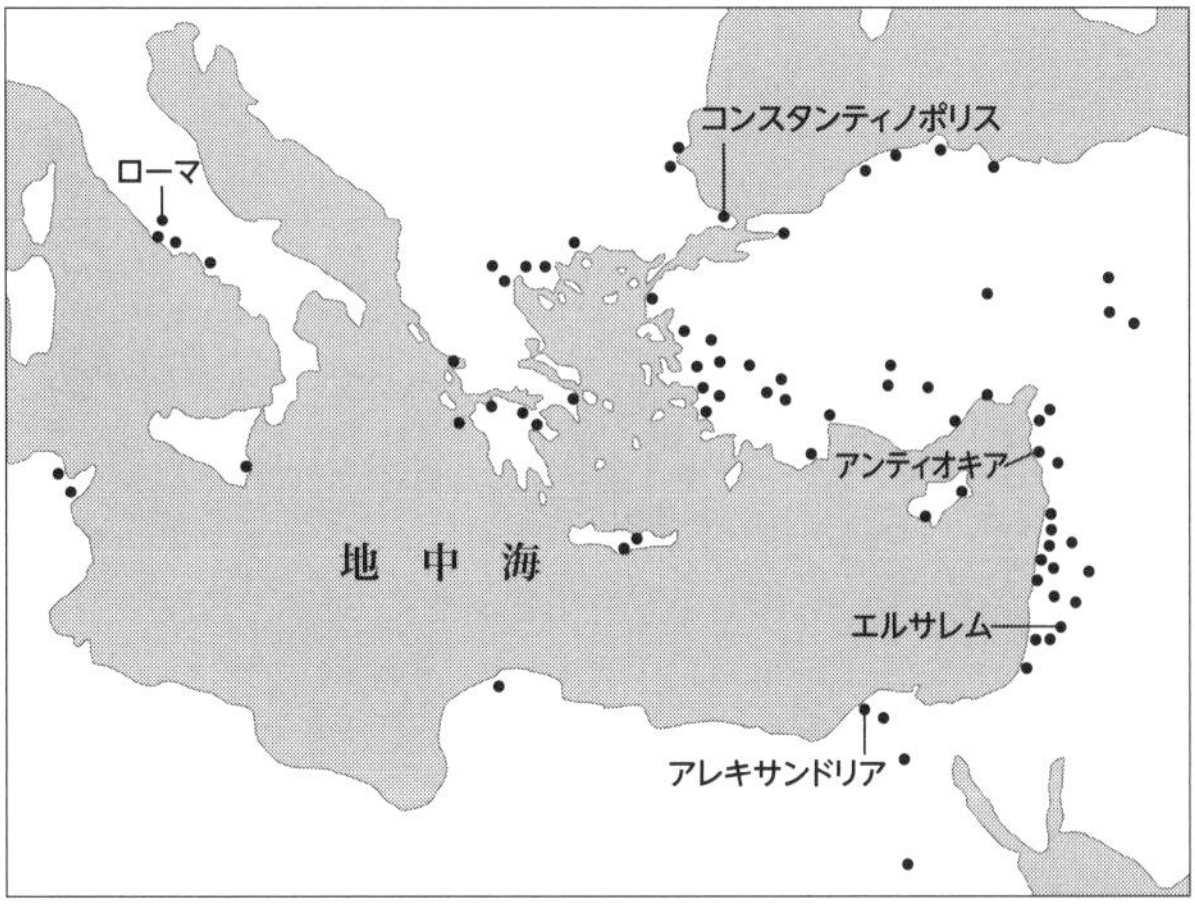

図1　2世紀における教会の主な所在地と総主教座が置かれた都市

て国教とされ、他の宗教は禁止されるに至ります。こうしてローマ帝国の国教として定められたキリスト教会は、一つの公同の（カトリック）[16]教会として確立していき、帝国の国家機構との密着度を深めていきます。キリスト教は当初は依然として帝国の東半分、つまりビザンティン帝国で優勢でしたが、やがて旧ローマ帝国の全土に広がり、さらに帝国の版図を越えて、東方のシリア、ペルシア、トルコ、インド方面にも宣教の結果としての教会が確立されていきます。ローマ、コンスタンティノポリス、アレキサンドリア、アンティオキア、エルサレムには大総主教座（カトリコス、パトリアルケス）が設けられ、五大総主教座と呼ばれるようになります（図1）。

4 様々な「正統」争い

三一神論

キリスト教はローマ帝国の国教となりましたが、内部に様々な神学上の相違（良く言えば多様性）が存在し、時には分裂と対立が生じる場合も少なくありませんでした。

4世紀初めには、北アフリカでドナトゥス派による分裂が生じました。北アフリカのカルタゴには、ディオクレティアヌス帝による厳しい迫害の時に聖書を差し出して棄教し、迫害が止むと復帰した「背教者」が多数存在しました。その「背教者」の一人であった主教によってカエキリアヌスという人物が311年にカルタゴの主教に叙任されたことに対して、その無効を主張したドナトゥスらを指導者とする勢力が生まれました。彼らは教会の純粋性を強調し、汚れた人間による典礼（儀式・儀礼）の無効性を主張しました。また彼らは自らの正当性を主張するため、教会を襲撃したり、教会財産を略奪したりするまでに至りました。これに対してカトリック教会は314年にアルルで教会会議を開き、コンスタンティヌス帝の主導のもとにドナトゥス派を断罪し、聖職の叙任はたとえ人格的に見てふさわしくない聖職者の手でなされても有効であることが宣言されました。[17] 4世紀の偉大な神学者ヒッポのアウグスティヌス[18]も、ドナティスト（ドナトゥス派）批判の著作を著して、カトリック教会の神学を確立することに貢献しました。

さらに深刻な分裂は、アレキサンドリアのアレイオス（アリウス）による三一神論（三位一体論）に対する攻撃でした。これは、キリスト教確立の過程で、ユダヤ教の神と連続性を持つ天地創造の唯一の神と、新しい救いをもたらしたイエス・キリストとの関係、さらに同じ神的働きである「聖霊」の関係をどのように理解するかという極めて難しい問題です。アレイオスらは、子なる神（イエス・キリスト）は被造物であって、創造主である神に対しては従属的存在であると主張しました。[19] それに対して主流派であるカトリック教会は、父なる神と子なる神、聖霊なる神は同じ神的本質を有している（同本質＝ホモウシオス homoousios）と主張し、三一神論[20]を展開しました。アレイオス派は主としてゲルマン民族に浸透し、統一した帝国の精神的支柱にキリスト教を据えようとしたローマにとっては統治が不安定になる要因となっていました。そこでローマ帝国は皇帝の命によって一連の公会議を招集し、意見の一致を図る必要が生じてきたのです。

最初の公会議は小アジアのニカイアで開催され、アレイオス派を異端として排斥することが目的でした。２５０人の主教が出席しましたが、そのほとんどは東方からの参加者で、西方教会からの参加者は５人に過ぎませんでした。会議では「ニカイア信条」[21]が採択され、アレイオス派は異端として断罪されました。しかし、アレイオス派の勢力はその後も続き、特にゲルマン諸民族の間では侮ることのできない力を持っていました。

また、その頃アレキサンドリアで力を持っていた神学者オリゲネスは、アレイオス派と三一神論派の中間的な立場を取り、三つの位格は「類似本質（ホモイウシオス homoiousios）」であるとして、「homoousios」に「i（イオータ）」という一文字を挿入することを主張しました。この立場は主流派からはやはり異端とされましたが、オリゲネスはその後も聖書解釈などで偉大な神学者として尊重されています。

３８１年にコンスタンティノポリスにおいて開かれた公会議では、ニカイア公会議の結論である「原ニカイア信条」を追認するとともに、加除訂正を行い、特に最後の方にある呪詛語句を取り除き、「ニカイア・コンスタンティノポリス信条」を決議します。現在多くの教会で承認され、礼拝でも唱えられている「ニカイア信条」「ニケヤ信経」は、この「ニカイア・コンスタンティノポリス信条」[22]です。

コラム

三一神とは？

神が「三位」を持つというのは、父と子と聖霊という三つの「位格」があることを示します。「位格」は、ラテン語ではペルソナと言います。ペルソナとはもともと、「登場人物」あるいは「仮面」を表す語でしたが、神のあり方を示す語として用いられるようになりました。この教えが確立したときに用いられていたギリシア語では、「ヒュポスタシス」という言葉が使われていました。これは哲学用語としては「本質、実体、実在」とも訳され、神は父と子と聖霊という三つの違った仕方で人間と関わるけれども、その根本にあるものという意味で用いられました。そして大切なことは、これらの三つの「位格」が実は「一つ」であるという三一神論を教会が確立し、今日まで守ってきたということです。

三一神（三位一体の神）という認識は、すぐに生まれたわけではありません。聖書の中にも明確な形で「三位一体」は出てきません。ですから、弟子たちの中に最初にあったのは、イエス・キリストによる救いの体験ではなかったでしょうか。ナザレのイエスに出会い生活をともにした弟子たち、そして復活のキリストに出会った使徒パウロをはじめとする初代教会の人々は、「この方こそ神である」と実感したことでしょう。

そして、その方がユダヤ教の伝統の中で啓示されてきた主なる神と同一の本質を持った方であると考え、イエスの約束通り、彼らの許《もと》に送られ、彼らを励まし導き続けてくれた聖霊もまた同じ神であると考えたのではないでしょうか。それが、次第に発展する「神学」の中で、「三一神論」という形に整えられたのです。この三つの位格はバラバラに存在するものでも、時間差を置いて現れるものでもなく、同じ神の本質として同時に、統一した仕方の中で私たちに関わるとされます。

この三一神論を形成する上で大きな影響を与えたのは、ギリシア哲学、特に新プラトン主義であると考えられます。新プラトン主義の創始者とされるプロティノス（204頃〜270）は50歳を過ぎて著作活動を始め、死後、弟子のポルフュルオスが編纂した『エネアデス』が出版されました。その中でプロティノスは、「一者（ト・ヘン）」から流出して「三つの原理的なもの」が生まれると説いています。この思想は後にアウグスティヌスや、東方の「カッパドキアの三教父」（カッパドキアのバシレイオス、ニュッサのグレゴリウス、ナジアンゾスのグレゴリウス）などの教父（古代教会の指導者）を通じて三一神論の形成に大きな影響を与えたということができます。

キリスト論

神論をめぐる論争が一段落する間もなく、キリスト論争が激化します。これは、第二位格である神の子キリストの本性が神なのか、それとも人なのか。両方であるならば、神性と人性の関係はどのようになっているのか、という問題をめぐる論争でした。

「キリストは神である」という神性を強調しすぎると、キリスト教初期の頃から異端として排除された「仮現論」への傾向が強くなります。つまり、キリストがこの世に存在したのは仮象であって実際には存在しなかった、地上での生活や十字架での受難はいわば演じられた劇のようなものだという論です。逆に「キリストは人であった」ということを強調しすぎると「人間イエス論」、つまりキリストはただの優れた説教者あるいは治療師だったという結論となり、イエス・キリストによっては神による救いを得ることができなくなるでしょう。

431年のエフェソス公会議では、アレキサンドリアを中心に広まっていた「テオトコス」(神の母)というマリアの称号に反対し、「クリストトコス」(キリストの母)と呼ぶべきだと主張したネストリオス〈23〉が弾劾されました。これは、ネストリオス支持のアンティオキア主教団の到着が遅れたことに乗じたアレキサンドリアの主教キュリロスの策謀によるもので、遅れて到着したアンティオキア主教団も会議を開いてキュリロスを断罪しました。両者の対立に皇帝が介入、双方が罰せられるのですが、結果的にはネストリオスは上エジプトのイビス修道院に幽閉され、そこで死亡してしまいます。他方、キリストの神性を強調する単性説は4世紀のアポリナリオス[24]を源流としますが、キュリオスを継承するエウテュケスはさらにこれを推し進め、キリストには唯一の本性として神性のみが存在すると主張しました。この説はカルケドン公会議（451年）で異端とされ、弾劾されました。

これらの異端に対して、コンスタンティノポリスやローマを中心とする主流派はカルケドン公会議において、キリストの神性と人性は、①混合されることなく、②変化することなく、③分割されることなく、④分離されることがない、という仕方で結合しているというカルケドン定式を決定しました。この両性論は、今日に至るまで正統派の教義とされています。

非カルケドン派の形成

エフェソス公会議やカルケドン公会議で異端宣告されたネストリオス派や単性論派は、これに対して、「反カルケドン派」「非カルケドン派」として、東方（オリエンタル）[25]諸教会を形成することとなります。

まずネストリオス派ですが、当初の拠点であるアンティオキアから東方に展開し、アブガル

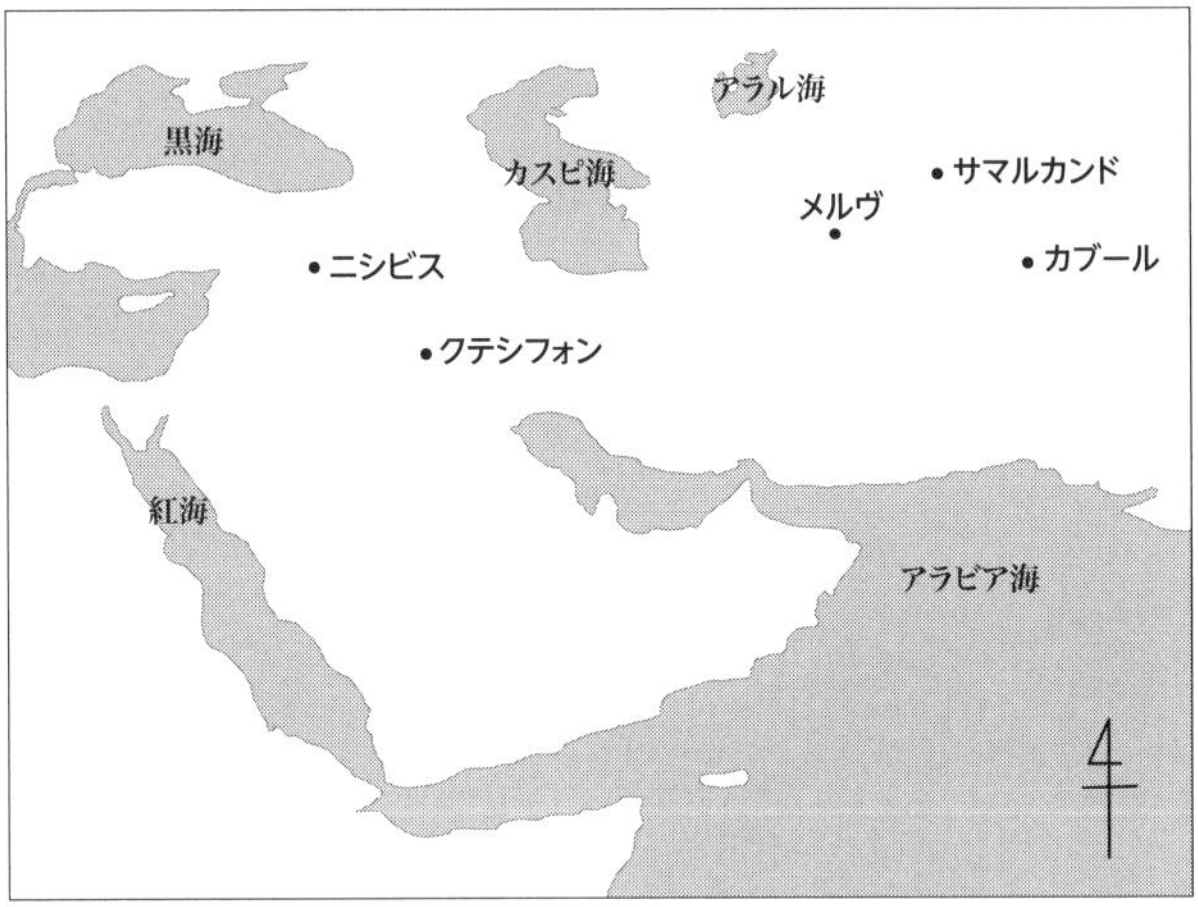

図2　ササン朝ペルシアにおける諸都市

九世がキリスト教を受容していたオスロエネ王国[26]の首都であるエデッサを経て、ニシビス[27]を本拠としてササン朝ペルシアの庇護のもとに宣教活動を展開しました（図2）。ニシビスでは、単性論と言われるヤコブ派も栄えました。ニシビスは、その後もイスラムの勃興にもかかわらず、ビザンティン帝国から迫害されていたすべての教派にとって、「祝福された地」であったと言われました。それほど、ビザンティン帝国による迫害が厳しかったということでしょう。ネストリオス派だけでも、メソポタミアに六つの管区を持ち、ニシビスには総主教座が置かれていました[28]。なお、ネストリオス派は現在では東方アッシリア教会と呼ばれています。

　ネストリオス派はさらに東方に展開して、ペルシア東部（現在のトルクメニスタン）のメルヴ[29]を拠点として驚くべき発展を見せます。すでに420年代には主教座が置かれ、544年にはネストリオス派の新しい総主教座が置かれました。500年頃には、メルヴ学派は重要著作をギリシア語およびシリア語から中央アジアおよび東アジア諸言語に翻訳しました。彼らは諸宗教（仏教、ゾロアスター教、マニ教）と共存し、知的業績を競い合ったと言われます。また、それらの宗教からの混淆宗教も生まれたようです。[30]

ネストリウス派の宣教師たちはトルコ人、ウィグル人、ソグディアナ人、モンゴル人を含む中央アジアの諸民族の間で宣教し、644年にはメルヴの総主教エリアスはオクサス川（アラル海に注ぐ中央アジアの川）を越えて大勢のトルコ人を改宗させました。650年頃にはオクサス川以東のカシュガルとサマルカンドに二つの総主教座を置き、20人の主教がいたと言われています。8世紀には総主教のテモテがトルコ人とチベット人の土地への宣教を強化しました。[31]

中国では、635年、阿羅本（ペルシア名の漢訳）をはじめとするネストリオス派[32]の宣教師団が唐の長安に達し、ミッションを設立。このミッションは200年以上続きました。唐では大秦景教と呼ばれていました。大秦とは東ローマ帝国のことです。なお、781年に長安にあった大秦寺（教会）に「大秦景教流行碑」（図3）が建てられ、日本人の研究者が作ったそのレプリカが高野山と京都大学総合博物館、日本景教研究会本部に建てられています。

その後、景教は衰えましたが、モンゴルが中国を征服し、元朝を建てると、ネストリウス派

図３　大秦景教流行碑（高野山・筆者撮影）

は力を盛り返し、シルクロード沿いの地域、および鎮江、杭州などの港湾に近い都市に修道院を建て、13世紀末にローマ・カトリックの宣教師がこれらの跡を活用して全中国の教会組織を作り、北京や広州その他の都市に司教座を置いたと言われています。

インドでは、使徒聖トマスに遡る伝統があります。早くも2世紀にはキリスト教が南部インドに伝えられ、５５０年にはスリランカにもキリスト教会があり、マラバルにも教会があったことが分かっています。またカリアナと呼ばれるところには、ペルシアから派遣された主教がいました。この頃には、インドは独自の位階制度を持った土着の教会が、現在のケララ州、マラバル沿岸に生まれています。彼らはシリア典礼を用い、バビロンの総主教を霊的指導者と仰

いでいたようです。主要な教会は聖トマスの殉教地と言われるミラポールに存在していました。〈33〉

このように東方ではネストリオス派が圧倒的に広まっていたのですが（図4）、ヤコブ派（単性論派）の総主教座もアジアに広範囲の影響を保持していました。1280年にはヤコブ派の総主教はアナトリアおよびシリアからメソポタミアおよびペルシアに至る地域で100の主教座を持っていたのです。ヤコブ派は現在では、シリア正教会となっています。正教会と呼ばれていますが、ギリシア正教から分岐したものではありません。

エジプトに目を向けてみましょう。伝承によれば、エジプトでは、古代エジプト人の末裔であると言われるコプト人が、〈34〉福音記者マルコの北アフリカ宣教によって改宗したとされ、人々はマルコを初代アレキサンドリア主教と認めています。コプト教会は現代に至るまで長期の伝統を保持しているのです。さらにキリスト教はアレキサンドリアから始まってナイル川を遡って内陸部にも広まりました。ヌビア（現在のスーダン）は6世紀から15世紀にかけて、ハルツームからアスワンにかけてのナイル川流域を支配するキリスト教国でした。ヌビアの教会はビザンティン様式の壁画で飾られ、そこでは黒人の王が王衣を身にまとっています。

830年代にアレキサンドリアの総主教は多くの主教を叙任し、聖マルコの総主教座の下に置きました。それには、アフリカと五つの都市とアル・カイルソン、トリポリなどが含まれて

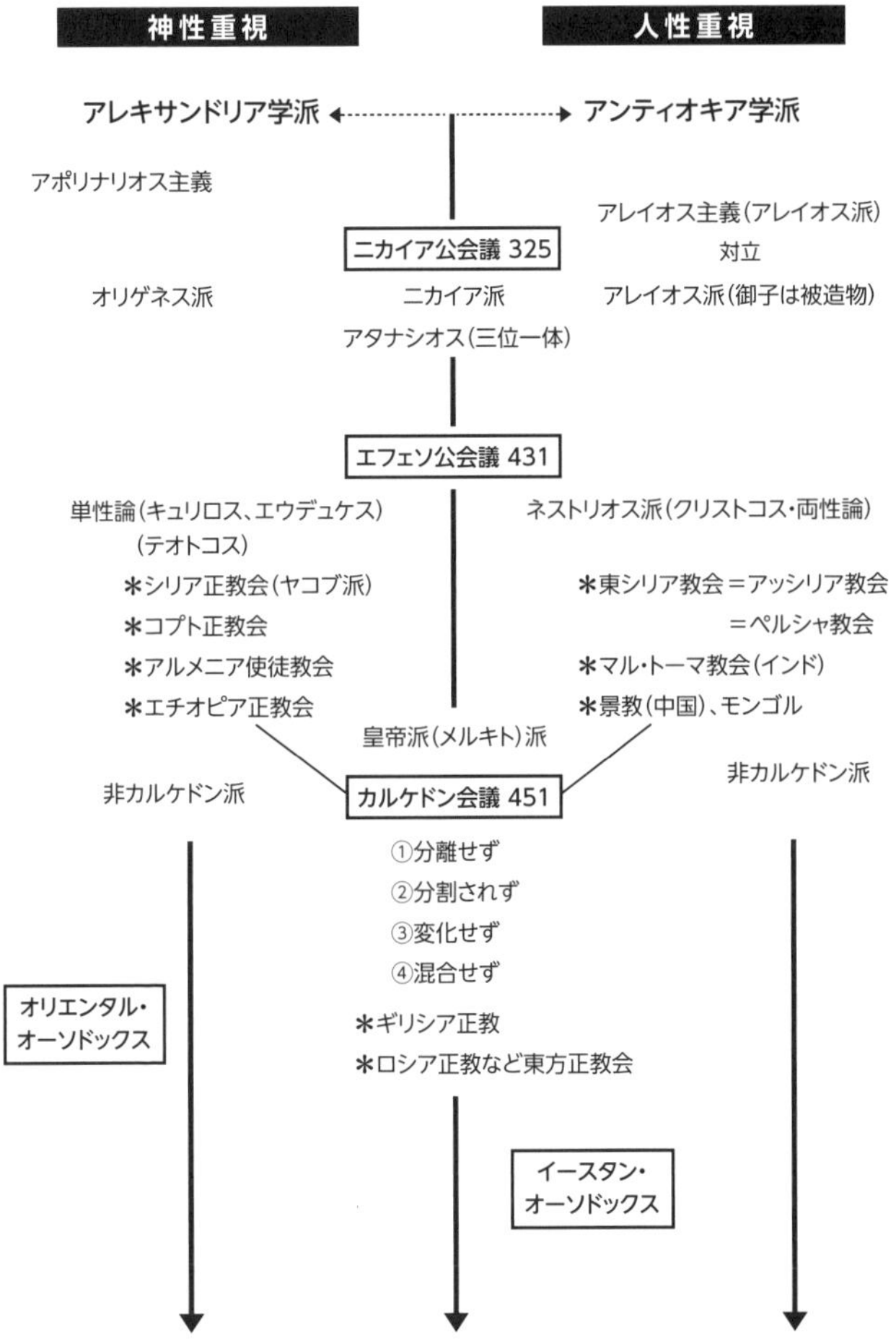

図4　東方キリスト教の系譜

いました。〈35〉

アビシニア（エチオピア）にはヌビアよりも強力な教会があり、現代に連なる長い歴史を有しています。古代のアビシニアの中心はアクスムで、そこにはエジプトとの重要な接触点となる多くの修道院が存在しています。〈36〉

また、非カルケドン派教会として注目に値するのは、実質的に世界最初のキリスト教国とされるアルメニアに設立されたアルメニア使徒教会です。伝承によれば、タダイとバルトロマイによって紀元40～60年頃に宣教されたと言われます。最初の主教はザカリアで、タダイによって叙任されました。アルメニアの教会は、354年の教会会議でアリウス主義と同時に単性論を異端として退けました。301年にティリダテス三世の時代に、キリスト教は国教とされました。427年に聖書がアルメニア語に翻訳されます。首都のアニは、「1001の教会のある町」と言われました。アルメニア使徒教会は現在も自国および世界各地で活動を続けています。アルメニア人は世界各地にコミュニティがありますが、聖都エチミアジンの総主教座を霊的中心と認めています。アルメニアに続いてグルジア（ジョージア）もキリスト教国になり、豊かなキリスト教芸術を残しています。〈37〉

第3章

ヨーロッパ世界の形成

1
ゲルマン諸民族による西ローマ帝国の解体と東ローマ帝国

２８６年にディオクレティアヌスはローマ帝国を東西に分割。自身を東方担当の正帝とする一方、マクシミアヌスを西方担当の正帝とし、ガレリウスとコンスタンティウス・クロルスをそれぞれ東西の副帝に任じました。やがてコンスタンティヌス一世は東西を統一しましたが、同帝の死後、ローマは再統一と分裂を繰り返し、テオドシウス一世死後、３９５年にローマ帝国は西ローマ帝国と東ローマ帝国に分裂してしまいました。

その後いわゆるゲルマン民族の大移動が起こると、４７６年、ゲルマンの傭兵隊長オドアケルによって皇帝アウグストゥルスが廃位され、西ローマ帝国は滅亡の憂き目に遭います。そして帝国領は、ゲルマン諸民族の勢力分布に従って解体され、イタリアは東ゴート王国、北ガリア地方はフランク王国、ローヌ川流域地帯にはブルグンド王国、南フランスとスペインは西ゴート王国、北アフリカはヴァンダル王国が分立することになります（図５）。

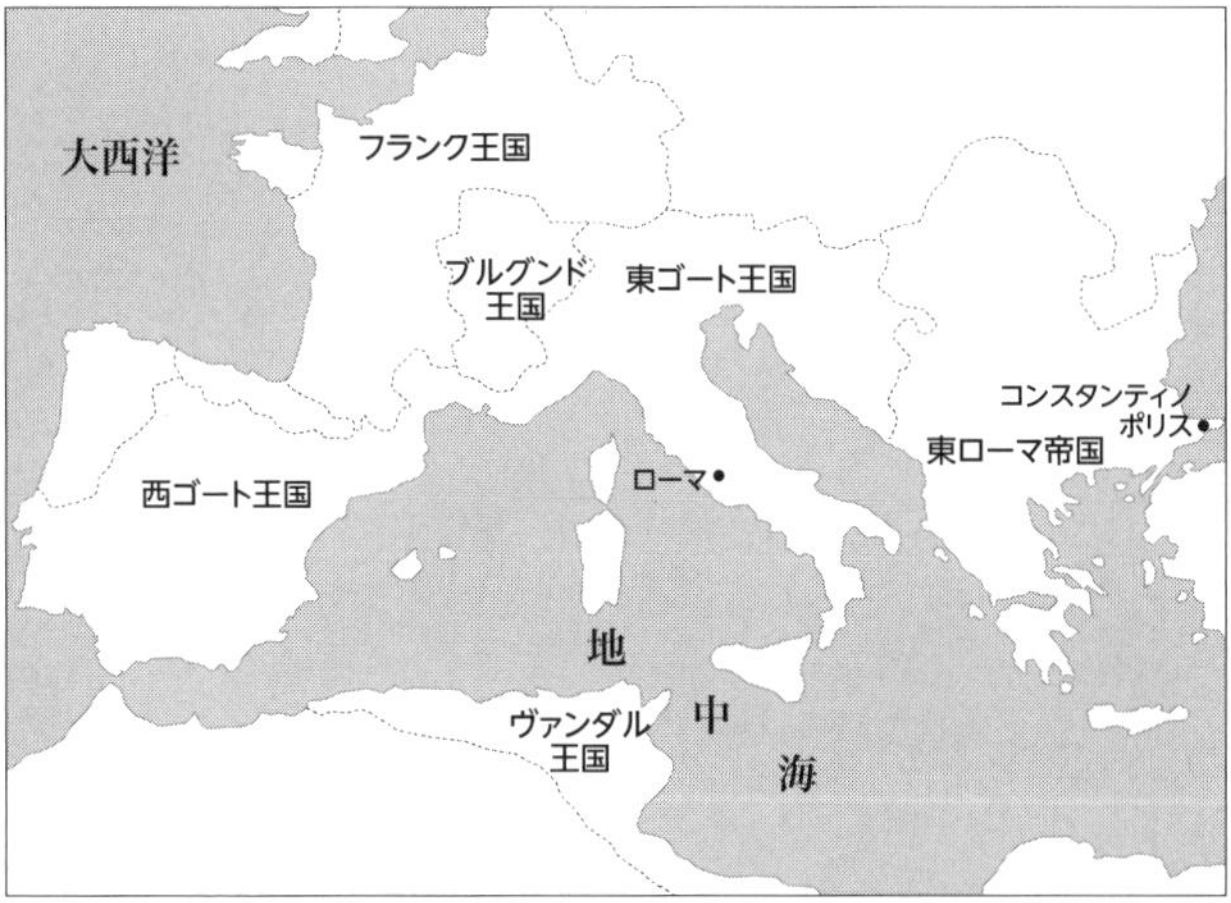

図5　526年のヨーロッパ

一方、コンスタンティヌス一世が古代都市ビザンティオンの跡に建設した新しい都コンスタンティノポリスは、３３０年にローマ帝国の首都とされ、西ローマ帝国滅亡後もキリスト教国ローマの中心として発展します。この国はギリシア文化を色濃く吸収し、コンスタンティノポリスが古代都市ビザンティオンの跡に建てられたことに因んで、「ビザンティン（ビザンツ）帝国」と呼ばれるようになります。「ギリシア帝国」と呼称されることもあります。また、当初のビザンティン帝国の版図には、アレキサンドリア、アンティオキア、エルサレムなど古代キリスト教の中心地が含まれており、初期の公会議（全地公会）のすべてが東ローマ帝国内部の都市において開かれました。コンスタンティヌス大帝が始めたキリスト教を国教とする帝国は、実はこのビザンティン帝国であったと言えるでしょう。

6世紀のユスティニアヌス一世の時には旧西ローマ帝国の領土の大部分を回復し、最大版図となり、ローマ帝国の復活と賞賛されました。また、ギリシア正教のシンボルのように見なされる「聖ソフィア大聖堂」が、この時期に建設されます。また、ユスティニアヌス一世は、征服戦争のための重税に苦しむ市民の蜂起「ニカの乱」を弾圧し、専制政治を強めます。こうして次第にビザンティン帝国はかつてのローマ帝国の共和的性質の残滓すら失い、専制政治国家としての性質を強めてゆくのです。

その後継者となったカルタゴ出身のヘラクレイオス皇帝もペルシアとの戦争を戦い抜き、大々的な凱旋式を行い、専制皇帝の地位を固めました。彼の晩年、燎原《りょうげん》の火のように広まったイスラム勢力がビザンティン帝国にも襲いかかり、多くの領土を奪いました。しかし、イスラムのこの攻勢を辛うじて斥けたビザンティン帝国は、8〜11世紀には新たな黄金時代を迎え、独自の文化や経済を育て、ビザンティン文化と呼ばれる美術や文学、建築を生み出します。キエフ大公ヴォロディーミルが使節を送り、聖ソフィア大聖堂とギリシア正教の典礼の美しさに惹かれ、正教会を国の宗教として採り入れたのはまさにこの時期なのです（後述）。

しかしその後、セルジュク・トルコとの戦いに敗れ、さらに同じキリスト教の同盟軍であったはずの十字軍による略奪によってビザンティン帝国は力を失い、ついに第4回十字軍の時、ビザンティン帝国はラテン帝国を名乗る十字軍によって首都コンスタンティノポリスを奪われてしまいます。このラテン帝国は50年にわたり占領を続けますが、1261年にビザンティン皇帝ミカエル八世が十字軍を追放し、首都を取り戻します。しかし、いったん繁栄を取り戻した帝国も、次第に落日の運命を辿り、最後の一撃として加えられたオスマン軍の攻撃の前に、1453年、コンスタンティノポリスは陥落し、イスタンブールと改名されます。聖ソフィア大聖堂は、イスラムのモスクとなってしまうのです。

ここで、東ローマ帝国（ビザンティン帝国）におけるキリスト教の特徴について触れておきましょう。

皇帝教皇主義

コンスタンティヌス一世のもとで、キリスト教と国家は一体となり、教会は全面的に皇帝権力の下に置かれます。公会議も皇帝が招集します。キリスト教が国教化する過程から見れば当然かも知れません。しかしこれは、教会が政治的権力に翻弄される結果を招きかねません。これを皇帝教皇主義と呼びます。この体制が後にロシアの国家と教会の関係に転移することになります。

イコン論争

イコン（聖画像）というのは陶板や木版、壁に描かれた聖画のことで、礼拝に用いられます。現在でも東方正教会の礼拝堂には、たくさんのイコンが掲げられています。イコンははじめキリスト教に改宗した人々に教えたり、礼拝の意味を補助的に示したりするためにキリストの事績などを絵画として表したものです。しかし、聖書ではいかなる像も造ってはならないという教えがある（十戒）ため、イコンは偶像であるかどうかをめぐる論争が生じました。キリストの神性を強調する立場からすれば、イコンはキリストの本質を歪めるものと受け止められ、イコン破壊運動（イコノクラスム）が起こり、７３０年から８４３年まで続きましたが、女帝テオドラの決定により、イコンは受肉した（人となった）御言葉のペルソナ（位格・人格）を表すものとして認められることとなりました。

ビザンティン典礼

コンスタンティノポリス総主教座で用いられた東方典礼の代表的様式です。言語はギリシア語、教会スラブ語、その他各国語で行われます。聖体礼儀[38]は古代からの式文に基づいて行われます。信徒は礼拝中、基本的に立って参加し、パンとぶどう酒の聖別は司祭がイコノスタシス（聖障）と呼ばれる壁によって区切られた至聖所（聖堂の一番奥に位置する）の内部で行います。すべてが一様なわけではなく、各国の正教会によって、多様な展開が見られます。

2 フランク王国の発展

西方でローマ帝国を解体したゲルマン諸民族の勢力分布は次第に変化発展しますが、その中でもフランク族の支配圏であるフランク王国がキリスト教との関係で決定的な役割を果たすことになります。それは、メロヴィング朝のクローヴィスが４９６年にキリスト教に改宗するからです。しかし、それ以降の世代の国王は必ずしもキリスト教に協力的であったわけではありませんでした。そんな中で宮廷の宰相であるカロリング家が次第に権限を持つようになり、６８７年にテルトリーの戦いに勝利したカロリング家のピピン二世が実権を握ります。

図6　小ピピン

７３２年にはピピン二世の子、カール・マルテルが、次第に南から北上する機会を狙っていたイスラム勢力を、トゥール・ポワティエの戦いにおいて撃退し、権力の座を固めます。その後、カール・マルテルの子、小ピピン（ピピン三世、図6）がメロヴィング朝最後のシルデリク三世を追放し、フランク王国の王位に就き、名実ともにカロリング朝の支配を固めます。ビザンティン皇帝レオ三世によってイコノクラスム（聖像破壊）がローマ教皇の反対を押し切ってイタリアでも進められたことに反発して、ビザンティン皇帝に代わる教会の保護者を求めていたローマ教皇にとって、カロリング王朝は格好の相手となったのです。７５４年に教皇ステファヌス二世はパリ近郊のサンドニ教会において、小ピピンに「ローマ人の保護者」という称号を与えるに至りました。小ピピンはその恩返しとして、ランゴバルト族から土地を取り戻し、ラヴェンナ太守領などを教皇へ寄進しました。これが教皇領の始まりとなります。

3 神聖ローマ帝国とローマ・カトリック教会の成立

やがて800年のクリスマスにローマを訪れていた小ピピンの子シャルルマーニュ（カール大帝）に対して、教皇レオ三世が「ローマ皇帝」の冠を授けることによって、教皇権と皇帝権の結びつきを軸とする西方の「神聖ローマ帝国」が成立することになります。こうして、東方のビザンティン帝国と対抗する独自の「ローマ・カトリック教会」が発展していくことになるのです。ビザンティン帝国もまた、皇帝レオン五世のときに、カール大帝の帝位を正式に承認するに至ります。

カール大帝以降、フランク王国は文化的にも繁栄し、多くの学者や芸術家が、カールの本拠地アーヘンを訪れ、西ヨーロッパにおいて長らく廃れていた古典文芸を復興する「カロリング・ルネサンス」が興ります。782年、ヨーク大聖堂で学んだアルクィヌスがカール大帝に招かれ、アーヘンの宮廷学校やアーヘンの聖マルティヌス修道院で自由諸学科を教えて豊かな教会文化を伝えました。

カール大帝の死後、孫の代に領土をめぐる争いが生じ、８４３年のヴェルダン条約においてフランク王国は三分され、ロタール王国、東フランク王国、西フランク王国となりました。これはほぼ、今日のイタリア、ドイツ、フランスに当たる地域です。さらに８７０年にはロタール王国が東西フランク王国によって分割されました。西フランク王国ではその後スカンジナビアのヴァイキング（ノルマン人）がたびたびパリを襲い、９１１年には西フランク王国から土地を与えられて定住することになります。

カロリング朝の後を継いだのは、９１９年にドイツ国王として選ばれたザクセン大公ハインリヒです。彼はデーン人を撃退し、スラブ人をも平定し、ドイツの領土を確定し、その息子オットー一世（大帝）はイタリアに進軍して教皇ヨハネス十二世を窮地から救います。そして９６２年、オットー大帝は教皇よりローマにおいて皇帝としての冠を戴いたのです。こうして皇帝となったオットー大帝は、教皇より上に立つ者として教皇の選出に対して自らの同意が必要であることを宣言し、「神聖ローマ皇帝[39]」の権威を手中にするのです。すでに８００年にカール大帝が皇帝に戴冠されていますが、ここに改めて「神聖ローマ帝国」がドイツ、オーストリアを中心に成立することになります。この「帝位」は１４４０年にフリードリヒ三世が権力を握ってからはハプスブルク家の世襲制となり、１８０６年にナポレオンに敗北するまで長寿を保つことになるのです。

こうしてローマ教皇（ローマ・カトリック）と、神聖ローマ帝国をはじめとする帝権とが、いわば楕円の二つの中心となって西ヨーロッパが形成されていきます。と同時に、帝権と教権のどちらが上に立つかをめぐって、凄まじい争いが生じます（叙任権抗争）。これは、皇帝権力が常に教会の上に立ち、国家と宗教が渾然一体となったビザンティン帝国とは大きく異なっていると言えるでしょう。

4 修道院の発展

さて、このように西ヨーロッパの政治・経済が次第に形成されていく中で、重要な役割を果たしたのが修道院です。

古代ローマ帝国による弾圧の中で殉教者や、証聖者〈40〉に対する崇敬が盛んになり、信仰者の理想として禁欲修道士が現れます。世俗社会から隔絶された禁欲生活を送る修道士は、キリスト教では270年頃のアントニオスが嚆矢《こうし》と考えられます。彼は町から村へ、廃墟の砦へ、さらに砂漠に移り住んで修道生活を始めました。その生き方は人々の尊敬を集め、彼に従う修道者が続出します。三一神論を確立する上で大きく貢献したアタナシオスも彼に心服し『聖アントニオス伝』を著しました。修道院は当初、一人ひとりの修道者が孤立して暮らす孤住型から始まりましたが、やがて共住生活に発展します。パコミオスは320年頃からナイル川上流のタベンニシというところで共住による修道士団を結成し、このような形態の修道院が各地に形成されます。やがて、共住による修道会は大規模な定住修道院へと発展するのです。

その中でもヌルシアのベネディクトゥス（ベネディクト）がモンテ・カッシーノで創始したベネディクト会は中世西ヨーロッパを左右する大きな勢力となります。古代末期のイタリアはゲルマン諸王国興亡のさなかにあって政治・経済的荒廃がはなはだしかったのですが、同時に精神的更生を求める気運も盛んで、あらゆる社会階層から修道士志願者が続出していました。ベネディクトゥスはこれらの人々を集めて「主に奉仕する学校」を創立しようと試み、ローマ法やレグラ・マギストリ（6世紀初頭に起草された筆者不明の修道院規則『賢者の会則』）などを参照しつつ、個人的体験をもとに独自の中庸を得た修道生活の原則を樹立し、修道院長を父とする家庭としての組織を編み出しました。この会則はやがて西欧修道制の典型となっていきます。

ベネディクト会は修道士の定住を厳しく義務づけ、典礼的定時日課と修徳を天職と定め、それを「オプス・デイ（神の業）」と呼びました。これに知的訓練（読書、著述）、手仕事（写本製作およびその彩飾）や農作業などの労働時間を加味した日課を励行するところに、この会の特色がありました。「祈りと労働」というのがそのモットーだと言えるでしょう。また修道士が司祭に叙階され教区民の司牧（牧師として霊的ケアにあたること）にたずさわる慣例も作られました。これらの修道院の物的基盤は西欧諸国に共通した封建制大土地所有にあり、封土授与や寄進などで獲得した所領に、荘園風の共同体を経営して経済的に自立していました。ベネディクトの会則を採用する修道院はすべてベネディクト派と呼ばれ、12世紀初頭の最盛期には西ヨーロッパの2000余ヵ所にベネディクト会の修道院が存在しました。特に10世紀初頭フランスのクリュニー修道院の改革運動（世俗権力の介入排除）以後、改革派ベネディクト会の発展は目覚ましいものでした。

これらの修道院は、貧者や孤児、高齢者の救済など、社会福祉的な活動にも貢献しましたが、反面、大地主、封建領主となって、当初の精神を離れ、聖職売買や修道院内の生活で腐敗を深めていったことも否定できません。

5 修道院の改革

こうした修道院の中から、当初の修道院の精神を取り戻そうとする改革運動が生まれます。ベネディクト会を改革しようとするクリュニー修道会やシトー修道会の他にも、托鉢修道会と呼ばれる私有財産を会則によって認めない新たな修道会運動が興ります。ドミニコ会やフランシスコ会などです。

ドミニコ会の創始者であるドミニクスは、１１７０年頃にスペインのカスティリア地方に生まれ、オスマにおいて大聖堂参事となりますが、当時その地域で隆盛を極めていたカタリ派を見かけ、カトリック教会の伝道者たちが彼らに全く歯が立たないのを目の当たりにして、伝道には説教・学問においても深い修養が必要であることを実感したと言われます。ドミニクスは教皇ホノリウス三世から修道会の承認を取り付け、１２２０年に第一回総会を開きました。そこでは、一切の財産を放棄し、日々の糧を「托鉢」によって得ることが決められ、翌年の総会では特に説教に力を入れることも決議されました。このドミニコ会からは、トマス・アクイナスやエックハルトなど、重要な神学者が現れることになります。

同様に清貧を追求したフランシスコ会は、アッシジのフランシスコ（フランチェスコ、図7）と呼ばれるジョヴァンニ・ベルナドーネによって始められます。彼は1182年に裕福な布商人の子として生まれましたが、ペルージャとの戦いに参加して捕虜となり、精神的危機に陥ります。その中で彼に転機が訪れ、崩壊した教会（ポルチウンクラ）の再建に徒手空拳で携わり始め、その中で清貧を理想とする若者たちが彼に付き従うようになります。こうして、貧しい人々に対する眼差しを特徴とする新しい修道会を結成し、1210年教皇インノケンティウス三世によって認可され、やがて「小さき兄弟たち」と名乗り始めます。

図7　フランシスコ

フランシスコは当初からの理想を貫き、1219〜20年にはエジプトのスルタンの前で説教を行い、平和の尊さを説いたと言われます、また、彼は自然をこよなく愛し、「太陽の賛歌」という詩の中では、太陽も月も大自然のすべてが互いに兄弟姉妹であると謳っています。また、彼は小鳥や獣とも話すことができたと言われます。晩年には、彼の身体にキリストの十字架と同じ聖痕が現れたと伝えられ、キリストの後、最もキリストに近い人生を送った聖人とされています。また近年では、環境保護の聖人として崇められています。

時代は少し下りますが、世界のキリスト教に大きな影響を与えた修道会として、イエズス会の名を挙げることができるでしょう。イエズス会はイグナティウス・デ・ロヨラ（1491〜1556）によって始められた修道会で、宗教改革に対抗して始まったカトリック改革の中で生まれました。スペインのバスク地方のロヨラ城に貴族の子として生まれたイグナティウスは宮廷で小姓として仕えた後、軍人となりました。フランス軍との戦いで重傷を負った彼は、長期にわたる静養の間にキリストや聖人の伝記を読みふけり、キリストの兵士となる決意を固めていったと言われます。彼は1522年、ロヨラ城を去り、身分や名誉を捨てて隣の町マンレサに行き、禁欲による修行を積み、すべてのものを新しい光の下で見ることができるようになりました。それからの10年間を、彼は新しい使徒的修道会の準備のために費やしました。1534年、パリのモンマルトルの教会で、盟友フランシスコ・ザビエルらとともに固い誓約をかわし、「イエズス会」を立ち上げたのです。イエズス会はその後活発な宣教活動を世界に展開し、世界史の上で大きな影響力を発揮することになりました。

なお、後述するロシア正教など東方正教会においても、修道院の活動が重視されており、社会の重要な要素として機能しています。

6 ブリテン島の状況

ヨーロッパ大陸から離れたところにありながら、大陸の政治的・宗教的影響を強く受け、また大陸に強い影響力を持つに至ったブリテン諸島[41]に目を向けてみましょう。

ブリテン諸島には、ピクト人、ジュート人、ブリトン人、スコット人、ゲール人などの先住民[42]がいましたが、ローマ帝国は紀元前のユリウス・カエサルの頃からブリテン諸島の植民地化を開始します。紀元43年には皇帝クラウディウスがブリテン島を征服し、属州ブリテンを皇帝直轄地として成立させます。2世紀には皇帝ハドリアヌスによって「ハドリアヌスの長城」（全長約118㎞）が北部の国境として、現在のスコットランドとの境界付近に建設されました。

このローマ帝国植民地の期間に、ローマ兵だけでなく多くの商人や官吏がブリテン島に進出し、その中にはキリスト教徒も少なからずいたと思われます。次第に先住民、特にウェールズのブリトン人の間にキリスト教は受容されていったのですが、このキリスト教はまだ西方においてローマ・カトリックの権威が確立する以前のいわば未分化の古代教会でした。

やがて、ローマ帝国の力が衰え、ブリテンにおける植民地を維持することができなくなり、410年にローマ軍はブリテン島から撤退します。そして、476年にはゲルマン民族の大移動によって、ローマ帝国(西ローマ帝国)そのものが滅亡してしまうのです。その空白を狙って、5世紀中頃から、大陸のアングル人、サクソン人、ジュート人が大挙して襲来してきます。これらのアングロ・サクソン系の民族は、ブリトン人を圧迫しつつ、やがて現在のイングランドに当たる地域に七つの王国を建てることになります。ケント、エセックス、イーストアングリア、ノーサンブリア、マーシア、サセックス、ウェセックスの7ヵ国です。「国」といっても、まだ有力な部族長が軍事力で支配する領域といった方がよいかもしれません。

このうちのケント王国のサネット島に、ローマ教皇から派遣されたオーガスティンが上陸したのが、597年のことでした。

オーガスティンにとって幸運だったのは、エセルバートの王妃ベルタ(バーサ)は、キリスト教徒であったウェセックス王の娘であり、フランク王クローヴィスの孫娘であったことでした。エセルバートはオーガスティンにカンタベリーの土地を与え、自分もその年の聖霊降臨日に受洗(キリスト教の入信式である洗礼を受けること)しました。その結果、家臣の大多数がキリスト教に改宗し、同年のクリスマスには1万人が受洗したという知らせがグレゴリウスのもとに届けられました。〈43〉

図８　ケルト十字
先住のケルトの霊性を表していると言われる（筆者撮影）

　しかし、すでにブリテンではブリトン人が受容していたガリア系教会、さらにスコット人が信じていたケルト教会が存在していました（図８）。ケルト、ブリトン系の教会でも使徒伝承に基づく主教制が保持されていましたが、その教会行政は主教が大修道院長の裁治権に服するという形態をとっていましたし、教会暦も異なっていました。そこで、６６４年にホイットビー教会会議が開かれ、両教会の統一が図られました。この会議は、ノーサンブリア出身のウィルフリッドとノーサンブリア王オスウィーが招集したもので、ローマ教皇の権威に訴えるウィルフリッドの主張を認め、ローマ式の教会暦を採用し、さらにブリトン系、ケルト系、ローマ系とバラバラに進められていた宣教活動を一本化することになりました。[44]

さらに、第七代カンタベリー大主教シオドア（テオドロス、在位668〜690）の時代に、ハートフォードで教会会議が開催され、①復活祭の日をローマ教会の慣例に従って統一、②司教の管轄権の相互尊重、③修道院の保護、④教会会議は年2回開催すべきこと、などを決定しました。これ以降、ブリテンの教会は、ローマ教皇の首位権のもとにある西方カトリック教会の枝として発展してゆくのです。

7 北欧のヴァイキングとイングランドの歩み

アングロ・サクソンの七王国はその後、次第に統一へと向かい、ウェセックスのアルフレッド大王の孫アゼルスタン王（在位924〜939）が初めてイングランド王を名乗ることになります。しかし、このできたばかりのイングランド王国はまだ脆弱で、デーン人の襲来に悩まされ続けます。

デーン人は、8世紀末からブリテン諸島を目指して侵略を展開した北欧のヴァイキングを言います。ヴァイキングはスカンジナビア半島やデンマークで生活をしていた農・漁民でしたが、この時代から人口や生産力、航海技術などの急激な発展によって、外部への活動を活発化させます。このヴァイキング時代は、1066年のノルマン人のイングランド征服まで続くと考えられています。また、ヴァイキングの活動はブリテン島だけでなく、アイルランド、アイスランド、グリーンランドにまで及び、南方ではフランク王国、東方では通商を通じてキエフ公国をはさんでビザンティン帝国にまで影響力を伸ばします。これについては第4章で述べます。

イングランドに対する襲撃は、793年のリンデスファーン修道院が最初の標的でしたが、それ以降しばらく小康状態を保っていました。しかし、980年に全土で再開され、人々の命と生活は脅かされ続けます。991年にはモールドンの戦いでアングロ・サクソン軍は善戦しますが、しかし当時のイングランド王は有効な全国民的反撃を組織することができず、「デーン・ゲルド」と呼ばれる和解金を支払うことによってデーン人に引き揚げを要請することになりました。この「デーン・ゲルド」は回数を重ねることによって莫大な金額になりました。そしてついに、1013年にはデンマーク王スヴェン自らが大軍を率いてサンドウィッチに上陸し、ロンドンを陥落させます。こうして短期間ではありましたがデーン王朝（～1042年）が誕生するのです。イングランド王のエゼルレッドは妃エマの実家であるノルマンディ公国に亡命します。

ノルマンディ公国は、もともとヴァイキングの指導者で艦隊を率いてパリをも脅かしたため、911年、時の西フランク王シャルル三世からノルマンディに封土を与えられたロロを創始者とする公国です。彼は後にキリスト教に改宗したためロベールと改称します。そして、ノルマンディ公国はフランス文化の一翼を担うことになるのです。このノルマンディ公国の港はデーン人のイングランド侵攻の際、その中継港として利用されていました。そのため、イングランド王のエゼルレッドはノルマンディ公リシャール一世の娘のエマと結婚してデーン人の侵攻を防ごうとしたのですが、効果はありませんでした。

それどころか、これによって、ノルマンディ公はイングランドの王権を狙うようになり、1066年、ついにギョーム二世（ウィリアム一世）は大軍をもってイングランドに上陸、デーン人とのヨークの戦いで勝利を収めたばかりのハロルド二世とヘイスティングスで激突、これを打ち破ってノルマン征服王朝を開くことになります。これ以降、イングランドの支配層はアングロ・サクソン人からノルマン人に代わり、イングランドはフランス文化の影響を大きく受けることになります。ノルマン人たちはさらにウェールズにも手を伸ばして勢力を拡大しますが、ウェールズのブリトン人も粘り強い抵抗を続けます。しかし、長い時間を経て、民族的に先住民のブリトン人とアングロ・サクソン人、ノルマン人が混じり合い、新しいアイデンティティが形成されていき、文化の根幹である言語も新しい言語としての中英語が形成されていきます。

ノルマン王朝の後、やはりフランス系のプランタジネット朝が成立し、英仏にまたがる広大な領土を保有しましたが、フランスとの領土争いから100年戦争と言われる長期の戦争に突入し、国力は疲弊し、国民は重税にあえいでいました。その後、プランタジネット朝はランカスター系とヨーク系に分裂して互いに抗争し、それぞれの内部でも骨肉の争いを続けました。この戦争はヨーク家が白バラ、ランカスター家が赤バラを紋章としたという伝承があることから後世「薔薇戦争」と呼ばれました。

この内戦に終止符を打ったのが、ランカスター家の出身であり、ウェールズ貴族の血を引くとも言われたヘンリー・テューダーです。彼は長い亡命生活からイングランドに上陸してヨーク家のリチャード三世を破り、同じくヨーク家のエリザベス（リチャード三世の兄エドワード四世の娘）と結婚し、ヘンリー七世となって二つの薔薇を統合したのです。リチャードとの戦争でヘンリーが掲げたのがウェールズの象徴である「赤いドラゴン」であったと言われています。

第4章

東方正教会（イースタン・オーソドックス）の展開

1 キエフ・ルーシ[45]の誕生とスラブ民族の形成

第3章で登場した北欧のヴァイキングは、ブリテン島やフランク王国に大きなインパクトを与え、支配民族の構成を大きく変えました。このヴァイキングは、東方にも進出し、その後のスラブ民族の形成に決定的な役割を果たしたのです。

スカンジナビアの南東に進出したヴァイキングは、ヴァリヤーグと呼ばれ、傭兵としても用いられていましたが、多くは略奪戦争よりもむしろ交易に力を注いだようです。12世紀にキエフのペトロスキー修道院の僧ネストールが書いた『ロシア原初年代記』によれば、9世紀半ば過ぎ、北欧からヴァリヤーグが来て、住民であるフィン人とスラブ人の諸族に小動物の毛皮による税を課したと記されています。スラブ人らは税を払うのを拒み、ヴァリヤーグを追い払いましたが、やがて彼らの間に内紛と内戦が発生し、彼らはそれを解決するために、「われわれを統治し、法によって裁くような王公を自分たちのために探し求めよう」と言い合いました。そこで彼らは北方のヴァリヤーグのもとに使節を送ったということです。[46] こうして、ルーシという名のヴァリヤーグ集団がキエフに渡来して、現地の住民を治めたというのです。この首領がリューリックでした。これがキエフ公国のリューリック朝(キエフ・ルーシ)の始まりです。したがって、キエフ公国はヴァリヤーグと現地のスラブ系住民の合作の結果といってよいでしょう。〈47〉このキエフ公国は、当時の東ヨーロッパでは第一の強国として栄えたと言われています。

ヴァリヤーグ人は同時に、当時の世界の首都ともいうべきビザンティン帝国(東ローマ帝国)の都コンスタンティノポリスで、傭兵として皇帝の親衛隊を務めています。したがって、ヴァリヤーグ人は、スラブの地で交易を続けながら、豊かな富を蓄積していたコンスタンティノポリスを目指していたと思われます。彼らは氷が解ける時期になると、何百隻という大船団を組んでドニエプル川を南下し、コンスタンティノポリスを訪れて通商を行いました。〈48〉

さて『ロシア原初年代記』によれば、987年にキエフ大公ヴォロディーミルは、ローマ・カトリック、イスラム教、ユダヤ教、ビザンティン帝国のギリシア正教を調査・比較し、コンスタンティノポリスにおける教会堂の美しさ、華麗な典礼を高く評価します。調査に向かった使節団は「私たちがグレキ(ギリシア)に到着すると、人々は自分たちの神に仕えているところに私たちを連れて行きました。すると私たちは天上にいたのか地上にいたのか分かりませんでした。地上にはこのような光景も美しさもなく、また物語ることも出来ないからです〈49〉」と書

図９　キエフのソフィア大聖堂（筆者撮影）

き送っています。そこでヴォロディーミル大公は、ギリシア正教で洗礼を受けることを決心しました。翌９８８年、ビザンティン帝国に進軍した大公は洗礼を受けることを前提にビザンティン皇帝の妹と結婚し、キエフに凱旋しました。そして、ギリシア正教を国教と定めるのです。そのため、ヴォロディーミルは聖公と呼ばれるようになりました。なお、ヴォロディーミルの祖母に当たるオリハは、すでに９５７年にコンスタンティノポリスで洗礼を受け、キリスト教徒になっています。

ヴォロディーミルの後を継いでキエフ大公となったヤロスラフは１０３７年にキエフにソフィア大聖堂（図９）を建立し、図書館を設けてキリスト教の文献の翻訳を命じました。そのため彼はヤロスラフ賢公と呼ばれています。このソフィア大聖堂にはキエフ・ルーシ公国内の正教を統括する府主教座が置かれ、スラブ世界での正教の中心地として栄えました。聖堂外壁は数度の改修を経ていますが、内部は当時の姿を現在に伝えています。

その後キエフ公国は公位の継承をめぐる軋轢から、衰退の過程に入ります。父子相続によりキエフ大公国と並ぶ十数の公国が形成され、キエフ・ルーシは事実上様々な公国の連合体になってしまいます。さらに重大なのは、モンゴルによる本格的な侵略が始まったことでした。チンギス・ハーンの孫であるバトゥは1240年にキエフを攻略し、税の収奪によって「タタールのくびき」と呼ばれる支配体制を築きました。そして後には、ヴォルガ川下流のサライを都とするキプチャック・ハン国（1243〜1502）を建てたのです。14世紀初頭にタタールがイスラムに改宗してからは、正教会に対する態度は明白に敵対的な性質を帯びるようになってきました。

東スラブをモンゴルの支配から解放したのは、モスクワ大公でした。モスクワ大公は、以前は小さな地方政権に過ぎませんでしたが、次第に力を付け、ロシア諸公と同盟を結び、指導的な役割を果たすようになります。

2 ロシア正教の確立と第三のローマ

14世紀に入ってからは、スラブ民族の中ではモスクワ・ロシアが台頭し、キプチャック・ハン国との戦いに勝利するに至ります。1326年、モスクワ大公国はまだ弱小ではありましたが、キエフ府主教ピョートルはこの新興国にロシア正教会の首座を移すことを決断しました。しかし完全な自治独立権が認められるまで、ロシア正教会はコンスタンティノポリス総主教の管轄下にあり、しかも府主教に任じられたのはほとんどがギリシア人でした。

1380年に、モスクワ大公ディミトリーはクリコーヴォ平原の戦いで40万のタタール軍を打ち破って勝利を収めましたが、その後もモンゴルの後継チムール帝国の圧迫を受け、タタールのくびきからロシアが解放されるのは、イヴァン三世（在位1462〜1505）の時代になってからでした。

一方、1453年、オスマン帝国によってコンスタンティノポリスが陥落し、東ローマ帝国が最終的に滅亡すると、モスクワ大公国がビザンティン帝国の後継者の名乗りを上げ、正教世界の中心として台頭し始めます。こうして、モスクワは「第三のローマ〈50〉」であるという理念が形成されていきます。こうしてモスクワ府主教イオフが初代の「モスクワおよび全ルーシの総主教」に叙階され、モスクワ教会はコンスタンティノポリス、アレキサンドリア、アンティオケア、エルサレムという使徒時代以来の総主教座と並ぶ地位と権限を獲得したのです。

ロシア正教は、その後、政治権力における「ツァーリズム（皇帝支配）」を宗教的に支えるものとして、現代に至るまで権力構造の柱として存続しています。西方教会における政治と宗教の関係よりもはるかに密接であるということができるでしょう。その母体である東ローマ帝国のキリスト教（ギリシア正教）においても、もともと皇帝権力と教会指導部が癒着し、皇帝教皇主義（Caesaropapism）ともいうべき体質が醸成されていたのです。

もっとも、この「皇帝教皇主義」という用語については異論がないわけではありません。皇帝は聖職者ではなく、奉神礼《ほうしんれい》（東方正教会における礼拝）を執行していたわけではありません。また、コンスタンティノポリス総主教は常に皇帝の言いなりになっていたわけではなく、教会は民衆に対する影響力を行使して帝権の意図を阻止することもありました。さらに、「皇帝教皇主義」という用語自体が皇帝権と教皇権が分立していた中世西ヨーロッパを前提とする見方であり、それを基準に異なる歴史を辿った東ローマ帝国および正教会の制度を異端視するかのような言説は必ずしも正当な議論とはいえないでしょう。しかしながら、教会と皇帝権力がこの表現を許すほど密接であったという事実もまた否定できないのです。

ウクライナを含む東スラブの歴史を概観する上で見落としてはならないのが、オスマン帝国の政治的支配力です。ウクライナの場合は、モンゴル系のイスラム国家であったクリミア・ハン国をオスマンが属国化し、奴隷の供給元として確保することによって、この地方に宗主国としての力を及ぼしました。また、ブルガリアなどバルカン半島の民族も長期にわたってオスマンの影響下に置かれることになります。東方正教会文化圏に属する国々の特殊性を明らかにする上で、正教司祭の高橋保行は次のように述べています。「かつてビザンティン帝国の主要部分であったギリシアをはじめとしてバルカン半島の正教国がすべてイスラム・トルコ政権下に置かれた後に、唯一正教国として自由であったのはロシアのみであった。ここにロシア教会が正教会を代表しているかのように思われるようになった理由がある。さらに19世紀にやっとイスラム・トルコから独立した正教文化圏の国々は、20世紀の初頭に今度はロシアの影響を受けて、自主的あるいは強制的に、共産主義の下に置かれるようになった。イスラム政権の下から独立して、いったん浮上したかのように見えた正教文化圏は、そのまま無神論政権の下に置かれるようになった」〈51〉。この指摘は、いわゆる「共産主義」に対する分析やオスマンの宗教政策に対する細部の分析・評価は不十分であるものの、大筋において正教文化圏の置かれた状況を言い当てていると思われます。

一方、ロシア正教の内部にも軋轢や矛盾がありました。15~16世紀になると、ロシア正教内で「所有派」と「非所有派」という対立する派閥が生み出され、ロシア正教の指導者たちはこのいずれかに属して活動するようになるのです。「所有派」は、「統一と権威」を重視し、儀礼における「美と荘厳」を強調し、国家との一致を求めるグループで、ヴォロコラムスク修道院長聖イオシフ・ヴォロツキー、ノヴゴロド大主教ゲンナージィ、モスクワ府主教ダニイルなどが所有派の代表的な指導者でした。一方「非所有派」は「自由と愛」「自己卑下と悔い改めの心」を強調し、ロシア正教の神秘主義的、理想主義的伝統を引き継いだ聖ニル・ソルスキーをはじめ、修道士ヴァシアン・パトリケーエフなどが属していました〈52〉。

この二つの派閥の最大の対立点は、修道院の土地所有の是非をめぐる問題でした。当時修道院は大きく発展し、ロシアの全領土の3分の1を保有していたと言われます。非所有派にとってはこのような修道院の財産保有は本来の修道院運動の精神の破壊に他なりませんでした。修道士は自ら労働に従事し、その労働によって精神的独立を保持すべきであるというのです。土地と財産の取得は修道士を世俗世界へと引き戻し、政治に対する利害関心へといった堕落へと導くものであるというのが彼らの主張でした。これに対して「所有派」の立場は、もっと現実的で実際的でした。彼らが建てた修道院は秩序を守り、繁栄を謳歌し、教会には不幸な人たちを助ける宗教的・社会的義務があると考え、そのためには富も、土地も、国家の援助も不可欠であると主張したのです。

さらに、17世紀にモスクワ総主教ニーコンが断行した礼拝改革に対する古儀式派の抵抗もロシア正教徒の生活に重大な影を投げかけました。ニーコンは古代からかなりの変化を遂げていた当時のギリシア正教の典礼様式をロシア正教に導入しようとしました。〈53〉これに対してロシア正教の正統性を信じた人々は古来のロシア式様式を維持しようとしてニーコン総主教と対立しました。彼らは古儀式派と呼ばれ、その多くは迫害を逃れてシベリアの奥地などに移り住みました。ニーコン総主教は独裁的に振る舞いましたが、結局は当時のアレクセイ帝に見放され、幽閉状態のまま逝去しました。

1682年に即位したロマノフ王朝三代目のピョートル大帝は、国家と教会の関係を根本的に変えました。彼は大々的な西欧化政策を実行し、新首都としてサンクト・ペテルブルクを建設するとともに、経済・軍事・技術の各面で、西欧のシステムを採り入れようとしました。宗教の面ではロシア正教の独立性を奪い、国教制度を採り入れようとし、聖宗務院制度を設け、教会を国家の支配下に置き、それに抗する教会の動きを厳しく抑圧したのです。以後200年にわたって教会は「帝国の囚われの身」に甘んじることとなります。

3 スラブ諸民族と東方正教会

スラブ民族において、キエフ・ルーシの後を継いで正教世界の指導権を握ったのはロシア正教でしたが、一方、東方正教会は、民族別の主教座という原則の下に、次のようないくつかの正教会として形成されていきます。この点では、単一の普遍的教会を前提とし、ローマ教皇の直接的・普遍的裁治権による位階制に基づき、普遍的典礼言語としてラテン語を用いてきたローマ・カトリックとは様相を異にします。

モラヴィア正教会

コンスタンティノポリス総主教フォティオスの命を受けたキュリロスとメトディオスは現地語で説教し、スラブ語による礼拝を行うという大事業に取り組みました。キュリロスはギリシア文字をもとにスラブ・アルファベット（いわゆるキリル文字）を考案し、古代ブルガリア方言に基づく共通言語としてのスラブ語、すなわち教会スラブ語を作り上げました。

ブルガリア正教会

バルカン半島東部で台頭してきたブルガリア・スラブ国家はボリス・ハーン（在位852〜889）の時代にビザンティン教会との連携を受け入れ、864年にコンスタンティノポリスを訪問、正教の洗礼を受けました。ブルガリア・正教会の確立を見届けたボリス一世は退位し、修道院に隠棲し、死後ビザンティン教会によって列聖されました。

セルビア正教会

大族長ステファン・ネマニャの時代（在位1171〜96）に、ビザンティン教会の影響下に入ることを決定。スラブ語の聖典や祈祷書が導入され、この地の伝統・慣習とビザンティン文化との融合が図られました。

ルーマニア正教会

この地はスキティアと呼ばれ、使徒聖アンデレ（アンドレイ）が福音伝道のために訪れたと言われます。14世紀にルーマニア侯国が生まれ、ドブルジャの府主教座の監督下に入りました。オスマン・トルコの支配下では正教徒は差別され、市民的権利も与えられませんでしたが、1688年にハプスブルク帝国（神聖ローマ帝国）がオスマンに勝利すると、皇帝レオポルド一世は東方典礼カトリック教会（ギリシア・カトリック）を公認しました。しかし、全体がギリシア・カトリックになったわけではなく、復活した正教会はルーマニアの民族的アイデンティティを体現するものとしてロシア正教に次ぐ規模の教会として発展してきました。

ここで、現代にまで引き続くウクライナとロシアの対立の遠因として、次の節にかけてウクライナにおける歴史的な宗教事情を見ておきましょう。すでに見たように東方正教が最初にキエフに採り入れられたのはキエフ大公ヴォロディーミルの時代でした。その後、キエフ公国は衰退と分解の過程に入り、モスクワがスラブ世界の中心に座るようになったことはすでに述べたとおりです。14世紀には西ウクライナのハーリチ地方がポーランドに併合され、第二次世界大戦までの4世紀半、ポーランドの支配下に置かれました。そしてポーランドはローマ・カトリックを受容しつつ、「宗教的寛容」の精神の下、他の諸宗教を受け入れ始めました。まず、ドイツ人の下で圧迫されていたユダヤ人を大量に招き、特権を与えて商業や家内工業に従事させ、また、14世紀後半にはセルジュク朝の圧迫を逃れたアルメニア人が移住し、リヴィウにアルメニア教会〈54〉の主教座を設けることになりました。〈55〉

このような宗教的多元状況の中・近世における代表的な現れが、いわゆるギリシア・カトリック（ユニエイト、ユニア）教会の出現です。

4 ギリシア・カトリック（東方典礼カトリック）の誕生

後で述べるように、1054年に西方のローマ・カトリック教会と、東方の正教会は互いに相手を異端と宣言して、決定的な分裂（シスマ）に至りましたが、15世紀になってオスマン帝国の脅威に対抗するために東西教会の再統一を目的としてバーゼル、フェレラ、フィレンツェで公会議が開かれました。1438年にフィレンツェで開かれた東西両教会の合同を目指した公会議では、ローマ側から出された条件(①フィリオクエ、②煉獄、③種なしパン、④教皇の首位権)を承認することを条件に、正教徒が東方典礼を守りつつ、カトリックに帰属することを認めました。

しかし、この会議にロシア正教の代表として出席したイシドール(ギリシア人)はロシアに帰国すると直ちに逮捕され、追放されました。つまり、ロシア正教はこの試みを断固として拒否したわけです。この結果、ロシア正教初代府主教としてイオナが選ばれました。この試みは、オスマン帝国の軍事的圧力に直面していたビザンティン帝国が、西側のキリスト教勢力を味方に付けるためにローマ・カトリックに歩み寄ろうとしたものでしたが、期待されたヨーロッパからの軍事的援助が到着する以前に、1453年5月、コンスタンティノポリスがオスマン帝国に征服され、「合同問題」そのものが立ち消えとなりました。

ビザンティン帝国滅亡によって立ち消えとなった東西教会合同問題は、百数十年後にポーランド・リトアニアを舞台としてローカルな合同として復活します。それが1595年のブレスト教会会議です。当時現在のウクライナに当たる地域はポーランド・リトアニア連合国の支配下にあり、カトリック君主のもとで「ルテニア」と呼ばれていました。ルテニアの正教会はキエフ府主教座の管轄にあり、ローマ・カトリック教会が占めていた地位からははるかに劣った扱いしか受けていなかったのです。さらに、西方教会における宗教改革とそれに対抗するカトリック宗教改革の圧力が強まる中で、1590年6月に開かれた教会会議でルテニアの4人の正教主教たちが教会合同への参加を表明し、東方典礼の維持を骨子とする合同のための「三十三箇条」が練り上げられ、1595年のブレスト教会会議で完成するに至るのです。〈56〉

この「三十三箇条」は同年7月に国王に提出され、国王は布告をもって回答としました。この教会合同によって生まれた教会は、ギリシア・カトリックとして、東方典礼を守りつつローマ・カトリックに帰属する教会（東方典礼カトリック教会、東方帰一教会、ユニエイト、ユニアなどとも呼ばれる）となりました。ウクライナ西部（ドニエプル川右岸地方）においてはこの教会が主要な宗教となりましたが、これらの地域がロシア帝国領となってからも、ギリシア・カトリックはローマ教皇への忠誠を止めなかったため、ロシア帝国によって禁止されることになります。

現在のリヴィウを中心とするウクライナ西部のハーリチ（ガリツィア）地方には、このギリシア・カトリックの教会が集中して存在しています。筆者が2019年にハーリチ地方の中心都市リヴィウを訪れた際にも、数多くのギリシア・カトリックの教会を目撃しており、礼拝をも体験しています。礼拝堂も、元イエズス会の教会、元ドミニコ会の教会などローマ・カトリックの施設が転用されており、ローマ・カトリックがギリシア・カトリックを精力的に支援している様子がうかがわれました。さらに、リヴィウにはローマ・カトリックの大聖堂の他にアルメニア使徒教会の主教座聖堂もあり、ウクライナにおけるキリスト教の多様性を実感することができました。ギリシア・カトリックは、東ヨーロッパから中近東にかけて十数カ国に点在しており、ローマ・カトリック教会とはフルコミュニオン（完全な交わり）の関係にあります。現在のウクライナのキリスト教を論ずる上では、これらの教会の存在が一つの鍵を握っていると言えるでしょう。また、近世以降のウクライナ民族主義の背景には、ギリシア・カトリック教会の存在が大きな役割を果たしています。

コラム

東西教会の主な対立点

● フィリオクエ（filioque）とは、ラテン語で「子からも」を表します。聖霊の発出をめぐって、もとの「ニカイア=コンスタンティノポリス信条」では「聖霊は父から出て」とあるのを、ローマ・カトリックは教会会議の決議として、「聖霊は父と子から出で」とすることを決定したのです。東方正教会はこれを認めず、「聖霊は父から出て」としています。ただし解釈としては、「聖霊は父から、子を通して発出し」としています。フィレンツェ公会議では、「聖霊は父から、子を通して発出する」は「聖霊は父と子から発出する」と同義であるとしました。

●煉獄とは、ローマ・カトリックにおいて、死後の人間が罪を清めるために通過するところとされています。

●ローマ・カトリックにおいては、ミサで用いるパンはユダヤ教の過越《すぎこし》[57]のパンであるとして、種なしパンでなければならないとされています。東方正教会ではイエスの最後の晩餐は過越の食事ではないとして、聖体礼儀では種（イースト菌）の入った普通のパンを用いています。

第5章

イスラムの勃興と東西教会の大分裂

1 イスラムの勃興

東方のスラブ世界では、大きな出来事によってキリスト教世界は脅かされようとしていました。それは、イスラムの台頭です。

イスラムは、メッカの名門ハーシム家の子として生まれたムハンマドによって始められました。ムハンマドは両親を早く亡くし、叔父に育てられましたが、成長すると商才を発揮し、25歳で結婚しました。やがて子どもに恵まれましたが、息子たちに先立たれてしまうのです。

人生の苦しみに悩んで修業を続けていたムハンマドに、６１０年のある日、メッカ郊外のヒラー山の洞窟で突然、アッラー[58]から啓示が下されます。ムハンマドは40歳でした。啓示をもたらしたのは天使のジブリール[59]です。啓示はムハンマドの口から流れ出し、アッラーの慈悲をたたえる一大叙事詩が語られます。

ムハンマド自身は文字の読み書きができないので、口伝で伝承されたり、書記が書き記したりして、最終的には１１４章からなる現在の『クルアーン』（コーラン）にまとめられました。

こうしてムハンマドは神の言葉を伝える預言者（メッセンジャー）となりました。ムハンマドは最後の預言者とされますが、旧約聖書のムーサー（モーセ）に下された『タウラート』（『モーセ五書』）、ダーウード（ダビデ）に下された『ザブール』（『詩篇』）や新約聖書のイーサー（イエス）に下された『インジール』（『福音書』）はイスラム教ではクルアーンとともに四大啓典に位置付けられています。したがって、ユダヤ教・キリスト教における預言者であるノア（ヌーフ）、アブラハム（イブラーヒーム）、モーセ（ムーサー）、イエス（イーサー）も過去の預言者として位置付けられ、ムハンマドは最後の完成された預言者だということになります。

ムハンマドが伝道を始めたのは614年、44歳の時でした。しかし当時のアラブ社会では多神教信仰が盛んで、唯一神を信じることで死後の救済と平和が得られると説くムハンマドの教え（イスラム）の伝道は困難を極めます。中でもメッカは多神教の中心地であり、ムハンマドらは権力者による迫害を受けます。ところが、メッカの北方にあるメディナ（ヤスリブ）から部族間の争いの仲裁をしてほしいとの依頼を受けます。ムハンマドらのムスリム（イスラム教徒）は少数ながらイスラムの教えで当事者を教化し、メディナに移住します。これをヒジュラ（聖遷）と呼び、ムスリムの時代の始点となります。

その後、ムハンマドらはメッカからの軍隊を闘いで斥け、遊牧民に強い印象を与え、さらにムハンマドを破滅させようとしたユダヤ人を打ち破りました。630年、ムハンマドはメッカへの遠征を試み、イスラムの勢いは急速に拡大することになりました。ムハンマドは632年に亡くなりましたが、その時点ですでに「ウンマ」と呼ばれる信仰共同体は、軍事、政治、経済、倫理の各面で土台を確立することに成功していました。

コラム

スンニ派とシーア派

●スンニ派

「慣習」を表す「スンナ」が語源。イスラムの多数を占めます。現実主義的で極端を嫌い、団結や秩序を重視する傾向が強いと言われます。中東、アフリカ、アジア全域にまたがっています。

●シーア派

「アリーの党派」と呼ばれていましたが、そのうち「党派」を意味する「シーア」だけが残り、現在の「シーア派」という言葉が残ります。シーア派はさらに細かく分かれます。イランでは多数がシーア派ですが、他にもイラク、イエメン、パキスタンに分布します。

ムハンマドの死後、その後継者である4人のカリフ（イスラムの政治的・宗教的・軍事的最高指導者）の指導のもとにアラブ人たちはイラクやシリア、エジプトなどの周辺地域へと軍事的・政治的征服に成功し、広大なイスラム帝国を構築したのです。しかし、第四代カリフのアリーが暗殺されると、分裂が起こります。その後カリフを名乗ったのはアリーと激しく対立していたムアーウィアでした。彼は一方的にカリフを名乗ると、661年にシリアのダマスカスを都とするウマイヤ朝を開きました。このウマイヤ朝は、ムハンマドが行ったような合議制ではなく、世襲制によってカリフを選出するようになります。また、交通網の整備や軍事・行政・経済の改革などによって中央集権化を進めました。さらに積極的な遠征によって、西はジブラルタル海峡を越え、711年には西ゴート王国を滅ぼしてイベリア半島を征服、フランク王国にまで攻め入りました。また東は西北インドにまで領土を広げました。しかし、ウマイヤ朝はアラブ民族をイスラムの民として優遇したため他民族による反乱が相次ぎ、衰退の道を辿ります。また、アリーへの忠誠を誓う人々はここから分離し、少数派のシーア派を結成します。多数派はスンニ派と呼ばれます。現在でも、このシーア派とスンニ派との対立は続き、複雑な中東情勢を作り出しています。しかし、日常生活で共存していることも多く見られます。

ウマイヤ朝を倒したアッバース朝は都をバグダッドに移し、行政機関を整備し、文芸復興に力を入れました。文芸批評、哲学、詩、医学、数学、天文学がバグダッドを中心に、諸都市で花開くことになります。一方、アッバース朝のカリフは「地上における神の影」と呼ばれ、専制君主的支配を確立したのです。

しかし、10世紀頃にはイスラム世界が単一の政治体として機能することが困難になってきました。エジプトにはファティーマ朝と呼ばれる王朝が台頭し、北アフリカ、シリア、アラビア半島の大半、そしてパレスチナを支配するようになりました。このパレスチナは言うまでもなくキリスト教の聖地でもあります。

イラク、イラン、中央アジアではトルコ系の将軍たちが権力を握り、事実上の独立国家を樹立し、互いに争っていました。これらの国家の多くは短命でしたが、トルコ系のセルジューク朝は１０５５年にバグダードに入り、イスラムの全域でカリフの代理人を務めることを認めさせました。[60] その後トルコ世界では、オスマンが権力を握り、コンスタンティノポリスを脅かし続けるという西洋世界との直接対立の構図が出来上がるのです。

2 十字軍と東西教会の分裂

このイスラムの台頭を契機として、ヨーロッパ社会に大激震が走ることになります。十字軍の派遣です。

西ヨーロッパ各地から十字軍が派遣されるようになるには、いくつかの背景があります。

(1) 十字軍を生み出す背景

＊経済的・社会的背景…10世紀後半から11世紀にかけて気候変動によってヨーロッパでは度重なる飢饉と疫病（ペスト）が発生し、大幅な人口減少が見られました。ところが11世紀後半から気候が改善し生産力も上昇したため、過疎から脱出し始め、出産率も上昇し、人口が増加します。この人口増が、外部への進出と派遣される兵力の充実を促した一つの要因です。

＊宗教的要因…中世カトリック教会に特徴的な天上的なものへの憧れや、聖遺物（イエス・キ

リストの生涯に関わる遺物）への崇敬が人々を駆り立てます。さらに旧約聖書の物語が親しまれ、聖地巡礼への情熱が高まります。

＊ビザンティン帝国からの要請…当時ビザンティン帝国はイスラム勢力によって脅かされ、五大主教座のアンティオケア、アレキサンドリア、さらには聖地であるエルサレムまでがイスラム勢力の手中に落ちてしまいました。そうした状況を打開するため、ビザンティン帝国の皇帝アレクシオスは西方の軍事的支援を要請しました。そこでローマ教皇ウルバヌス二世は１０９５年にクレルモン教会会議を開き、聖地エルサレムをイスラム教徒から奪還するように広く訴えます。これは「教皇権」を発動して、ヨーロッパにおける教皇の権威を高めることにつながります。

（２）十字軍の思惑

すでに記したように、十字軍は当初はセルジューク朝よるエルサレム占領に対して、東ローマ帝国からの要請で出発しました。しかし、そこにはいくつかの思惑が含まれていました。

第一に考えられるのが、東方正教会をローマ・カトリックに併呑しようとする動機です。東西教会の分裂と対立は深まっていましたが、教皇を中心として教会を再統一し、東方へと支配を広げようとする意識が働いていたことは否めません。その結果、ローマ・カトリックの支配権の及ぶ新たな領土を獲得しようとする行動が生まれます。

また、十字軍税を各地で課し、教会に対する納税の意識を高めようとするのも目的の一つです。

さらに教皇の権威によって発動される十字軍に、当時台頭しつつあった国民国家を巻き込み、教皇をトップとする「キリスト教世界（Christendom）」を築き上げることも教皇のもくろみであったと思われます。しかし、皮肉なことに、十字軍はかえって個別の国民国家の形成を加速することになりました。

(3) 十字軍の経過

十字軍は計8回起こされます。その経過を簡単に辿ってみましょう。

●第一回（1096）

教皇ウルバヌス二世によって始められました。隠修士ペトロスが率いる農民の軍団が先発隊として出発、かろうじてコンスタンティノポリスに到着しましたが、その後はトルコの攻撃によって聖地に着く前にほぼ全滅しました。１０９６年の終わりから97年のはじめにかけては、主力の北フランスとイタリアの軍団がコンスタンティノポリスに集合し、97年5月にはニカイアの攻撃を開始し、7月にはトルコ軍に勝利し、１０９９年7月には遂にエルサレムを占領します。この間の激しい戦闘で、多くのユダヤ教徒やイスラム教徒が殺戮されます。十字軍はエルサレム王国を建て、他にもエデッサ伯国やトリポリ伯国などラテン的（ローマ・カトリック的）な体制を固めることに成功します。しかし、このエルサレム王国は１１８７年にはサラディン（アユーブ朝のサラーフッディーン）によって奪回されます。

●第二回（1147〜49）・第三回（1189〜92）

いずれも全体としては失敗に終わります。第三回十字軍は１１８７年に起こったサラディンによるエルサレム占領に対して起こされますが、結局はアッコンの奪回だけに終わります。

●第四回（1202〜1204）

十字軍本来の目的を大きく外れ、コンスタンティノポリスを占領して、ラテン帝国（１２０４〜61）を建てます。そして東ローマ帝国の各地を略奪します。正教会のローマ皇帝に代わってカトリックの皇帝を即位させるとともに、東ローマ帝国に代わって東方で西洋諸国が認めるローマ帝国になろうとしました。ビザンティン帝国の貴族たちは複数の亡命政権を作りましたが、その一つ、ミカエル八世パレオロゴスのニカイア帝国が、1261年にコンスタンティノープルを奪回して東ローマ帝国を復活させました。

●第五回(1218～21)

エルサレム奪回のためにエジプト攻略を目指しましたが、失敗。

●第六回(1228～29)

エルサレムへの通路の領有に成功しますが、1244年に奪回されます。

●第七回(1248～54)

エルサレム奪回を目指しましたが失敗し、フランス王ルイ九世は捕虜になってしまいます。

●第八回(1270)

ルイ九世はチュニスに上陸しますが、そこで死没。1291年に最後の王国の砦であったアッコンが陥落、十字軍は終結に向かいます。〈61〉

(4)十字軍の功罪

十字軍は、東西両教会の関係をさらに悪化させるという結果を招きました。その上、乱暴な殺戮と略奪を繰り返すことで、ビザンティン帝国とイスラムの間で模索されていた親近性を破壊してしまいます。この戦争で多くのイスラム教徒が犠牲になり、大量のユダヤ人虐殺が行われたことは消し去ることのできない負の結果です。また、十字軍の統制に失敗した教皇権が低下し、代わってそれぞれの国民国家が台頭するという結果を招きます。神学・政治の上では、神の名による戦争行為を正当化する「正戦論」が成立することになります。

半面、東西文化の交流により、アラビア数字、ガラス技術の輸入など、西ヨーロッパに大きな利益がもたらされたことも否定できません。

東西ローマの分裂、西方におけるゲルマン民族の優位、神聖ローマ帝国の成立、東方におけるイスラムの勃興、十字軍による略奪などを背景に、コンスタンティノポリス総主教座とローマ教皇の間の対立はますます深まっていきました。1054年にコンスタンティノポリス総主教ミカエル一世ケルラリオスとローマ教皇レオ九世が、相互に破門状を叩きつけて、東西教会の決裂は決定的なものになったのです。

第6章

ローマ・カトリック教会の発展と宗教改革前夜

西ヨーロッパでは、神聖ローマ帝国の成立を軸にして、ローマ・カトリック教会という宗教的権威（教権）と神聖ローマ皇帝という世俗の権威（俗権）の二つの中心を持つキリスト教世界（Christendom）が成立し、東ローマ帝国と並立することになりました。これからはしばらく、この西ヨーロッパにおけるキリスト教の発展を跡づけてみましょう。

1

中世末期の異端――ワルドー派とカタリ派

まずはじめに、中世において教皇権がその絶頂期を迎える頃、二つの反対派の運動が起こります。カタリ派とワルドー派です。

カタリ派というのは、もともとギリシア語で「清い」「純粋な」という意味であるギリシア語の「カタロス」から生まれた呼び名の異端です。ビザンティン帝国による迫害を逃れて、ブルガリアからやってきたグループで、古代のマニ教とも思想的共通性（善悪二元論）を有していたと言われます。禁欲的で、悪なるこの物質的世界から善なる精神的世界への救済を主張しました。神による創造、三位一体、幼児の洗礼、免罪符、階層的な教会組織などを認めず、異端とされました。１２４４年、カタリ派の最後の砦が陥落し、改宗を拒んだ多数の信徒が火刑に処せられました。

もう一つの反対派はワルドー派と呼ばれ、教義において異端的な要素を持っていたわけではありませんでした。１１７９年のラテラノ会議において説教を認可する申請を提出しましたが、彼らの聖書的素養に問題があるとして申請が却下されました。それにもかかわらず説教を続けたため、教会から破門されます。しかし、このグループはますますその数を増やし、カトリック教会に対する批判を強めることになりました。[62]

2 教皇のアヴィニョン捕囚と教会の大分裂

教皇権の衰退が始まったことを象徴するのが、「教皇のアヴィニョン捕囚」と呼ばれる出来事です。

1305年に枢機卿たちはフランス人の教皇クレメンス五世を選びますが、この教皇は完全にフランス王フィリップ四世の影響下に置かれていて、前教皇ボニファティウスがフィリップに下した破門を撤回し、1309年には南フランスのアヴィニョンに教皇庁を移すという暴挙に出ました。それから70年間、教皇座はアヴィニョンに置かれることになります。この時期はかつてのバビロン捕囚[63]になぞらえて教皇のアヴィニョン捕囚と呼ばれています。

教皇庁がアヴィニョンにあった時期、選出される教皇はみなフランス人でした。それに反発するドイツでは、選挙侯によって選出された神聖ローマ皇帝が、教皇庁からの承認を一切必要としないことを議会で承認し、イングランドでは使徒聖職任命法を制定し、教皇によるイングランドでの聖職禄授与を無効としました。

そのような歪んだ関係を修正しようと、教皇庁のローマ帰還への努力もなされ、教皇グレゴリウス十一世(在位1370~78)はローマ帰還に成功しますが、翌年に逝去します。彼の死後、教皇座を再びアヴィニョンに移そうとするフランス人枢機卿たちはクレメンス七世を選出し、ローマにはウルバヌス六世が存在するという、ローマとアヴィニョンの2ヵ所に教皇が存在するという異常事態になりました。この分裂状態は15世紀まで続くことになります(1378~1417年)。

この事態は大分裂と呼ばれ、西ヨーロッパ全域に影響を与えます。ローマの教皇は北部イタリアと中部イタリア、ドイツの大部分、スカンジナビア、イングランドが支持し、アヴィニョンの教皇はフランス、スペイン、スコットランド、南部イタリアが支えるという広範囲にわたる分裂を引き起こしたのです〈64〉。

3

神聖ローマ帝国の変質と国民国家の形成

すでに見てきたように、フランク王国のカール大帝（シャルルマーニュ）の戴冠によって出発した「神聖ローマ帝国」は、カールの死後、3人の男子の間で分割され、単一の帝国としては崩壊に向かいます。これが後のイタリア、ドイツ、フランスの原型となるのです。また、ドイツも単一の国家ではなく、複数の諸侯が治める領邦が形成する連邦として存続することになります。ザクセン王国のハインリッヒ一世の息子オットー（図10）が962年に教皇によって戴冠されますが、この時の称号は「ローマ皇帝」でした。

図10　オットー

中世から近世に至る国家は「家産国家」〈65〉と特徴付けられ、王家の私有財産として扱われていました。王家と王家の婚姻も国家の同盟関係の形成や領土の拡大を目的として行われていました。しかし、それは同時に、それぞれの国における言語や文化の民族的アイデンティティが生まれ、いわば家産国家の中で国民国家が孵化する過程でもありました。そして、それぞれの国民主義が人々の中に生まれ、成長していきます。

また、中世においては、度重なる戦争による庶民生活の困窮化、疫病の蔓延、教会の封建領主化が進み、重税に苦しむ人々の教会への反感が募っていきます。宗教改革の条件が整っていくのです。

4 宗教改革の先駆け――ウィクリフとフス

宗教改革の先駆けとしては、まずイングランドのウィクリフ（図11）を挙げなければなりません。ウィクリフは1328年頃にヨークシャーで生まれ、若くしてオックスフォード大学で

図11　ウィクリフ

学び、頭角を現します。１３７２年には国王に仕える身となり、ブルージュに国王使節として派遣されます。オックスフォードに戻ったウィクリフは論争や著作活動に専念しますが、彼の主張は教会の批判へと向かうことになります。彼は真の主権に基づかない教会の形式的権威を否定し、聖書のみを唯一の実践の基盤とし、清貧説教団を組織して改革思想の普及に努めました。司祭職や修道院の批判、法王の権威、教会による財産の保有、巡礼、聖像、聖遺物の否定、聖餐《せいさん》（サクラメント、p・１１９を参照）における実体変化説（化体説とも言い、パンとぶどう酒の実体そのものがキリストの体と血に変化するという説）の否定など、ウィクリフの神学は後の宗教改革の先駆者としての役割を果たしたということができるでしょう。[66]ウィクリフは生前にも異端の疑いで投獄されたりしましたが、断罪を免れ、死後コンスタンツの公会議で異端者と宣告され、著書とともに遺骨が焼かれることとなりました。彼の思想は、後に「ロラード派[67]」によって受継がれ、ボヘミアの宗教改革者フスにも影響を与えました。

ヤン・フス（１３７０頃～１４１５）はボヘミア（現在のチェコ）のプラハ大学において学び、教授・学長となり、１４０１年に司祭に叙任。ウィクリフを知るようになり、その教えに共鳴しました。教会は神によって選ばれ、救いに予定された者からなりますが、その予定された者の頭《かしら》は教皇ではなくキリストであると主張。教会の法は新約聖書であるとし、使徒のような清貧を理想としました。１４１２年に教皇によって破門され、１４１５年に火刑に処せられます（図12）。現在もなお、チェコおよびスロバキアにはフス派の教会が存在しています。

図 12　火刑に処せられるフス

第7章

宗教改革の時代

1 宗教改革前夜——ルネサンスと人文主義

ルネサンス

宗教改革と互いに連動しつつ発展した二つの運動、近代的知性の覚醒ともいうべき運動があります。ルネサンスと人文主義です。

ルネサンスは「文芸復興」とも訳されます。宗教改革がドイツやスイス、イングランドなどヨーロッパの北部を中心としたのに対して、ルネサンスはイタリアを中心としたヨーロッパ南部で始まります。キリスト教から見た異文化を紹介することによって、中世キリスト教の閉塞状況を突き破る作用を及ぼします。そこには、十字軍による東方文化の移入も大きな役割を果たしています。さらにもとを辿れば、アレキサンドリアなどの古代都市を制圧したイスラム勢力が、そこに蓄えられていたギリシア、ローマ時代の古代文明を保存し、バグダードを中心として発展させ、それを十字軍が逆輸入したという経緯にも着目すべきでしょう。古代文明の復活という点では、特に医学や芸術の分野で重要な成果が表れました。

人文主義

ルネサンス期において、ギリシア・ローマの古典文芸や聖書原典の研究が長足の進歩を遂げました。イタリアのペトラルカ（１３０４～74）はローマ時代の詩人キケロの著作の復興を心がけます。さらに東西教会合同を模索したフィレンツェ公会議以降には、ギリシア語文献の研究も進められます。フィチーノ（１４３３～99）はプラトン研究を進め、プラトンをはじめプロティノス[68]、偽ディオニシオス[69]などの著作がラテン語訳されます。

こうした研究は、古代ローマ時代でローマ市民が学ぶべき教養とされた「フマニタス(humanitas)」という言葉から「人文主義（humanism）」と呼ばれるようになりました。

後の宗教改革に直接の影響を与えたものとしては、オランダのエラスムスによる聖書の原典研究が重要でしょう。ギリシア語原典の研究による注釈付のギリシア語聖書が出版され、後の宗教改革者にとって大きな財産となりました。

コラム

印刷技術の発明

1450年頃、ヨハン・グーテンベルク（1400頃〜68）によって活版印刷の技術が発明されました。これにより、これまで教会の聖職者や修道士など一部の人々の手にしか渡らなかった印刷物を、多くの人が直接読めるようになりました。もちろん識字率の向上という課題はありましたが、人々の知識や信仰に大きな影響を与えました。

原点志向

ルネサンスと人文主義によって培われた知的高揚は、特にドイツやスイス、イングランドなどヨーロッパの北部では宗教改革となって実を結びました。

宗教改革も、信仰の原点に帰ろうとするという点では、ルネサンスと共通した性格を持っていると言えるでしょう。ドイツやスイスの福音主義的《プロテスタント》〈70〉宗教改革は教皇の世俗的権威も、禁欲の理想も、「キリスト教世界」も存在しなかった古代教会の回復を目指しました。教会の政体

(polity) も、教皇を頂点とする位階制度を否定し、長老制や会衆制を主張しました。それに対抗するカトリック改革は一致の理念が現実化した12～13世紀の中世盛期をモデルにしたと言えるでしょうし、急進的宗教改革は福音主義的《プロテスタント》改革よりも以前の初代教会への回帰を目指し、ルターやカルヴァンとも対立しました。一方、ヴィア・メディアを目指したイングランドの宗教改革は、四大公会議を認め、古代教会後期の回復を目的としたということができます。

次に、それぞれの潮流別に宗教改革の経緯と内容を見てみましょう。

2 マルチン・ルターによる宗教改革

ルターは何を問題にしたのか

マルチン・ルター（１４８３～１５４６）はドイツ・ザクセン地方のアイスレーベンで生ま

れ、１５０1年にエルフルト大学に入学。１５０5年、エルフルトのアウグスティヌス会修道院に入り、１５０7年に司祭に叙任されました。若年ながらその才能を認められ、１５１2年にヴィッテンベルク大学で聖書釈義学の教授となりました。

西ヨーロッパで支配的であったローマ・カトリック教会は、大地主として、封建社会の支配層になっていました。また、十分の一税をはじめ様々な機会に庶民から税金を集め、人々の怨嗟の的となっていました。また、聖書はラテン語で書かれ、その説明の権威はすべて教会の聖職者にあるとされ、礼拝も庶民には無縁のラテン語で行われ、人々は意味も分からぬまま福音から遠ざけられ、迷信的な信仰を強要されていました。その典型的な例が「贖宥状《しょくゆうじょう》（免罪符）」でした。贖宥状は教皇レオ10世が、サン・ピエトロ大聖堂の修復資金を集めることを目的として発行したお札《ふだ》で、「あらゆる聖人の慈悲と委託において、汝の罪業を赦免し、刑罰を免除する」と記され、真の悔い改めではなく、お金を払うことによって罪が赦されるとする代物でした。

ルターはお金を払うことによって罪が赦されるという思想そのものに異議を唱えて、贖宥状を批判する『95箇条の提題』を公表しました。この提題は、贖宥状を買うことによって人間の罪の赦しを可能にするかのような歪曲を行っている教会に対する神学的批判でした。ルターは新しい教会を作ることを目指したわけではなく、救いについての神学的論争を喚起して、教皇庁の過ちを正そうとしたのです。ルターの問題提起は西方教会全体に強いインパクトを与えました。

塔の体験から宗教改革の三大原理へ

ルターがこの提題を著すには、彼自身の信仰体験、つまり福音の再発見がなければなりませんでした。それは「塔の体験」と呼ばれます。彼が福音の再発見のために聖書の研究に没頭していたヴィッテンベルクで使用していた部屋が「塔の小部屋」であると語っているからです。ルターは「神の義」は人間の罪を裁く義であると捉え、そのような神を恐れていたのですが、詩編31編と71編、さらにローマの信徒への手紙1章17節の言葉から、神の義は救いに結びついていることを再発見し、「神の義による救い」こそが、福音であるということを理解したのです。死の前年におけるルター自身の回想には次のように記されています。「わたしは『神の義はその福音の中に啓示されている(ローマの信徒への手紙1：17)』という言葉を理解できなかった。それによれば、神は義であり、罪人と不義なる者を罰するというのである。わたしは罪人を罰する義なる神をどうしても愛することができなかった。……ついにわたしは、神の義を義人がその中で信仰によって生きる義として理解し始めた。神の義とは受動的な義であり、それによって恵み深い神がわれわれを信仰により義となすからである。……こうしてわたしは、全く生まれ変わり、門が開かれて楽園の中に入った感じがした」〈71〉。

こうしてルターは「信仰によって義人は生きる」、つまり罪人が義とされるのは善行によって蓄える功績によってではなく、ただ恵みによるという福音の核心（信仰義認論）を「信仰のみ sola fide」「恵みのみ sola gratia」という言葉で表し、その規範は聖書、しかも「聖書のみ sola scriptura」であるとして、宗教改革の三大原理を打ち立てました。

これらの神学思想を展開したのが、ルターの宗教改革三大文書と言われる次の著作です。

●『ドイツ国民のキリスト者貴族に与える書』

教会権力は世俗権力に優越する、教皇のみが聖書の不可謬的解釈者である、教皇のみが公会議を招集しうる、というカトリック教会の3点の主張を論破しました。

●『教会のバビロン捕囚について』

カトリック教会では、洗礼・堅信・告解・叙階・終油・結婚・聖餐（パンのサクラメント）の七つのサクラメントが定められていますが、それらについて一つずつ検討を加えています。そして洗礼と聖餐以外のものを、サクラメントから除外します。

●『キリスト者の自由』

「キリスト者はすべての者の上に立つ自由な主人であって、だれにも屈しない」と「キリスト者はすべての者に仕える僕《しもべ》である」という二つの命題を立て、キリスト者の信仰による内的自由と、隣人に仕える愛の行為を統一的に論じています。〈72〉

コラム

サクラメント（秘跡、聖奠《せいてん》）とは

英語のサクラメント(sacrament)という言葉は日本語では教派によって様々に訳されます。ローマ・カトリック教会では「秘跡」、東方正教会に連なるハリストス正教会では「機密」、聖公会では「聖奠」、多くのプロテスタント教会では「聖礼典」という訳語が用いられていますが、意味はみな同じです。

もともと、「サクラメント(sacrament)」という英語は、ラテン語の「サクラメントゥム(sacramentum)」から来ています。サクラメントゥムとは、ローマ帝国における法廷用語で、原告・被告が提供する供託金のことでした。それが軍隊用語になったとき、「軍人の聖なる忠誠の誓い」を意味するようになり、聖書がラテン語に翻訳されるときにこの語がギリシア語の「ミュステリオン（神秘・奥義）」の訳語として用いられるようになったのです。

「サクラメント」とは何でしょうか。今から1500年ほど前に活躍したヒッポの主教アウグスティヌスによるとされる定義は、それを簡潔に言い表しています。「目に見えない恵みの、目に見えるしるし」。アウグスティヌスによると、サクラメントには目に見えない神的な面と、目に見える物的な面の二つの要素があるというのです。物体的なものによって霊的なものを、地上的なものによって天上的なものを示すのがサクラメントです。しかしそれには、神の言葉が必要です。アウグスティヌスは「物素に言葉を加えなさい。そうすればそれはサクラメントになる」と言っています。「言葉」とは根本的には「神の言《ことば》」であるイエス・キリストです。そして、それは聖餐式が「御言葉の礼拝」と「聖餐」の二つの部分から成り立っていること、また、いわゆる「制定語」、つまり、「主イエスは、すすんで引き受けられた苦しみに身を渡されることになった時、パンを取り、感謝してこれをさき、弟子たちに与えて言われました。『取って食べなさい。これはあなたがたのために与えるわたしのからだです。わたしを記念するため、このように行ないなさい』また食事ののち杯を取り、感謝して彼らに与えて言われました。『皆この杯から飲みなさい、これは罪のゆるしを得させるようにと、あなたがたおよび多くの人のために流すわたしの新しい契約の血です。飲むたびにわたしの記念としてこのように行ないなさい』」というイエスの言葉（聖餐制定語）が聖別禱のハイライトになっていることとも結びついています。何か魔術的・呪術的な仕方で物体が神の恵みの手段に変わるというのではなく、イエス・キリストの言葉と行いによって、物体は神的なものを指し示す「しるし」となるのです。

　カトリック教会では伝統的に、洗礼、堅信、ゆるし（告解）、聖餐、叙階、婚姻、癒し（塗油）の七つの秘跡が、第二リヨン公会議（1274年）以来、今日に至るまで執行されています。しかし、宗教改革者はこれに異議を唱えました。当時の教会の腐敗した現状に対する批判が根底にありましたが、イエス・キリスト自身が聖書の中で定められたサクラメントを、教会の伝承の中で成立したと思われる他の慣行と区別しようとしたのです。宗教改革者マルチン・ルターは、当初、洗礼と聖餐、告解の三つをサクラメントとして認めていましたが、やがて、洗礼と聖餐のみとし、他の宗教改革者も洗礼と聖餐のみを主イエスが直接定めたものとして、他のサクラメントを否定するようになりました。聖公会では、洗礼と聖餐をサクラメントとし、他の五つをサクラメント的儀式としています。

ルター訳ドイツ語聖書

宗教改革の前提として、聖書の各国語訳があります。人々が聖書を直接読み、理解し、そのメッセージを受け取ることが必要だからです。ルターは１５２２年にドイツ語訳新約聖書を出版しました。この聖書によって、さらに多くの支持者が各地で改革を進めました。ルターが提起した「聖書のみ」というプロテスタント原理も、人々が理解できる聖書がなければ成立しません。

ルター神学の展開

ルターの聖餐論は１５２５年以降、聖餐における実在を強調するようになります。いわゆる「制定語」〈73〉を重視し、パンとぶどう酒におけるキリストの体と血の実在を主張しています。ルターの聖餐論は一般に「共在説（Consubstantiation）」とも「実在説（Real Presence）」とも呼ばれます。それはローマ・カトリックの実体変化説（Transubstantiation）とは異なり、パンとぶどう酒とは変化することなく、そのままの素材の〈中に（in）〉、その素材の〈下に（sub）〉、その素材と〈共に（cum）〉キリストの体と血が実在するという解釈でした。それに対して後述するツウィングリの聖餐論では、パンとぶどう酒にはいかなる意味でもキリストの体と血は実在せず、それらはキリストの体と血を指示する（象徴する）記号に過ぎませんでした。

また、ルターは全信徒祭司職論を主張し、神との関係においてキリスト者はすべて神の前で祭司であるとして、霊的階級制は否定されました。彼にとって教会は位階制的に組織された救いの機関ではなく、大祭司キリストを頭とする大いなる神の祭司でした。ただし彼は、神の言への奉仕者としての牧師の存在は不可欠なものと考えていました。

また、ルターは聖職者の制度的独身制を批判し、1525年に元修道女のカタリーナ・フォン・ボラと結婚しました。しかし、修道院制そのものを否定する意図はなく、修道院が果たしている社会的・教育的機能を評価していました。

世俗的領邦権力との結びつき

神聖ローマ帝国の解体が進み、ドイツの領邦連邦化が明らかになるにつれて、ルターはその改革事業を進めるに際して改革派の領邦君主と結びつかざるをえませんでした。具体的には、カール皇帝の「ヴォルムス勅令」によって帝国追放処分を宣告されたルターは、ザクセン選帝侯フリードリッヒ三世の庇護のもとに聖書のドイツ語訳および改革諸文書の執筆を進めました。

しかし、宗教改革はルター（図13）の思惑を超えて、急進的な社会改革と結びつき始めました。ルターの協働者であったカールシュタットは告解と断食の放棄、教会内の絵画の破棄、司祭の結婚などを性急に進め、さらに聖霊による直接的な啓示を主張するトマス・ミュンツァーを先頭とする「ツヴィカウの預言者たち」によって大規模な聖画像破壊運動が起こり、混乱が深まりました。それに対してルターは、慎重な態度で臨み、礼拝における説教の重視、二種陪餐、ミサの犠牲的意味の否定など、カトリックの礼拝からの穏やかな脱皮を図りました。しかしついにドイツ農民戦争が勃発するに及んで、『農民の殺人・強盗団に抗して』という小冊子を書き、農民を非難する立場に立ちました。ルターはシュヴァーベン同盟諸侯による血の弾圧を支持することになり、農民の犠牲者は10万人にも上りました。また、ミュンスターの騒乱（1534〜35）の鎮圧により、再洗礼派はその影響力を失いました。

図13　ルター

ルター自身は、1518年秋にドイツのアウグルブルク帝国議会に喚問され、1521年1月に教皇によって破門の宣告を受けました。

3 ツウィングリによる宗教改革

チューリヒでの旗揚げ

ドイツで始まった宗教改革は、まもなく隣国スイスに波及しますが、まず16世紀はじめのスイスの政治的状況をみてみましょう。当時スイスは13邦からなる同盟で、神聖ローマ帝国から独立を果たしたばかりでした（シュヴァーベン戦争における同盟軍の勝利、1499年）。それを契機として、ドイツとは異なる「スイス」のナショナリズムが形成され、スイス独自の宗教改革が展開されます。ここでは、時代の古いものから順に、ツウィングリとカルヴァンを取り上げてみましょう。

フルドリッヒ・ツウィングリ（1484〜1531）はドッケンブルグの農家に生まれ、5歳で基礎教育を始めた後、バーゼルやベルンでラテン語を学び、ウィーン大学、バーゼル大学で基礎学科を習得しました。間もなく司祭に叙任され、グラールスやアインジーデルンで司牧に当たりました。中でも、バーゼル大学ではエラスムスの『ギリシア語聖書』を学ぶとともにエラスムスの平和主義の影響を受け、宗教改革への傾斜を強めます。1519年にチューリヒの司教座聖堂の司祭に選ばれてからはルターの後を追って、宗教改革の旗を掲げます。マタイ福音書から順を追って聖書の連続講解説教を行い、チューリヒの信徒の中にはツウィングリの福音理解に共鳴し、従来のカトリックの断食の戒律などを次々と破棄する者が増えてきたのです。

67箇条の提題

1523年1月の「第1回チューリヒ討論」のために、ツウィングリはルターの「95箇条の提題」に匹敵する「67箇条」を用意しました。その中で彼は「キリストのみ」「聖書のみ」を信仰の基本に据え、カトリックのミサの犠牲的性格、善き業《わざ》の救済的性格、聖徒の執り成しの祈り、煉獄の存在などをすべて否定し、聖職者の結婚を認め彼自身結婚生活を送ります。〈74〉

ツウィングリは人間の内的生活に関わる「神の義」と外的生活に関わる「人間の義」を区別し、罪人である人間のために「法」が必要であるとし、平和の確保のために刑罰権を伴う世俗権力が必要であるとしました。さらに再洗礼派に対しては、洗礼によって教会への所属と都市国家への市参事会という公的権力への所属が証明されるとして、幼児洗礼の拒否は都市共同体への忠誠の拒否をも意味し、市当局に追放の権利があるとしました。ツウィングリ派による再洗礼派弾圧の過酷さはよく知られています〈75〉。

チューリヒに宗教改革が導入された翌年に、カトリックからの攻撃が始まり、改革派とカトリックの間の軍事衝突が起こりました。ツウィングリは1531年の第二次カッペルの戦いに自ら従軍し、戦死しました。

象徴説

ツウィングリの聖餐論は「象徴説」と言われ、彼にとってはパンとぶどう酒にはいかなる意味でもキリストの体とその血は実在せず、それらはただキリストの体と血を象徴するものに過ぎませんでした。ルター派とのマールブルク会談が決裂した最大の原因はここにありました。

4 カルヴァンによる宗教改革

「突然の回心」

同じスイスの西部にあるジュネーヴとその周辺の管轄権は、司教と世俗の管理者と市民の三つの勢力の間で分かち合われていましたが、次第にサヴォワ公が教皇の援助によって司教と世俗の管理者の勢力を手中に収めるようになりました。こうして、ジュネーヴは同市を自分の公領に併合しようとするサヴォワ公と市民勢力との戦いの場になったのです。ジュネーヴはこの戦いで、カトリックのフリブールや福音主義のベルンの協力を得て、サヴォワ公からの自由を勝ち取ることができました。この文脈で、福音主義の宣教がベルンからジュネーヴにも進められることとなり、その活動に大いに貢献したのは、フランス生まれのファレル（1489〜1565）でした。〈76〉

ジャン・カルヴァン（図14）は、1536年、シュトラスブールへの旅の途中、ファレルから

図14 カルヴァン

改革事業を援助するように求められ、ジュネーヴに留まることとなりました。カルヴァンは青年時代に人文主義や法学、ルターの書を学び、ギリシア語、ヘブライ語の古典語を学んでいました。そのカルヴァンがどのようにして福音主義的回心を遂げたのかは「突然の回心」であったという以外詳細は分かっていません。[77] カトリックによる弾圧を逃れてパリを脱出したカルヴァンは転々と居を移し、1534年にはスイスのプロテスタント都市バーゼルに身を置きました。このバーゼルで彼は最重要著作『キリスト教綱要(Institutio)』(1536年)を書き上げました。綱要はその後版を重ねる度にその分量を増やし、最終版(1559年)では4巻80章という膨大な著作になっています。

1536年以降、ジュネーヴに留まったカルヴァンは、当初、慎重に改革を進めました。一介の亡命者であり、異邦人だったからです。1537年にファレルとともに教理問答、信仰告白、教会規律を作成し、これらを厳格に施行しましたが、間もなく反対勢力が登場し、1538年4月、2人は追放処分に処せられます。その根本的理由は、教会の国家権力からの完全な独立と精神的自律を強く求めたカルヴァンの改革理念にありました。

カルヴァンはシュトラスブールのブーツァーのもとで3年間を過ごし、その間『ロマ書注解』を出版し、彼の忠実な同伴者となるイドレッドと結婚しました。やがて、カルヴァンに反対する勢力が力を失い、カルヴァンに友好的な人々がカルヴァンの再赴任を願ったので、1541年にジュネーヴに戻りました。彼はまず、新しい「教会規則」を認めさせました。その根幹となるのは、教職者と、信徒から選ばれた長老とからなる「長老会（Consistorium）」であり、この会は教会員の日常生活から破門までの権限を与えられ、教会員の厳格な訓練を重要な使命としました（長老制）。また教理問答として『ジュネーヴ教会信仰問答』を著し、『ジュネーヴ礼拝式文』を作成しました。〈78〉

神の絶対主権を追求

カルヴァンの教説は先輩の改革者、特にルターとブーツァーから多くを学んでいますが、何よりも「神の栄光のため」という「神の絶対主権」を追求する姿勢に貫かれていました。

神が人間に対する審《さば》きを予定しているという「予定説」についても、神の主権にすべてを委ねるという立場から、二重予定説（神は救いに至る者と、滅びに至る者を予め定めているという説）を唱えたと言われています。後の世代は彼の教説を極端化し、キリストによる和解の業とは無関係に、永遠の昔、つまり人間が罪に陥る以前における神の予定を唱えました（堕罪前予定説）。しかし、カルヴァン自身は、予定の教説をキリストへの信仰、キリストによる贖罪（罪の許し）に対する信仰とは切り離してはいませんでした。

聖餐論ではルターとツウィングリを調停

聖餐論においてカルヴァンは、ルターとツウィングリの調停に努めたと言えるでしょう。カルヴァンによれば、キリストの体と血とは昇天して父なる神のもとにのみ実在しますが、聖餐を受けるとき、陪餐者は聖霊によって高められ、神のもとにあるキリストの体と血に与ることができるということです。地上のパンとぶどう酒にキリストの体と血を実在させない点でツウィングリに近く、聖霊によってキリストの体と血に与ることができるという点でルターの主張を生かしたと言えます。

長老会

カルヴァンはジュネーヴに入るとすぐに新しい「教会規則」を市議会に認めさせました。新

図15　ジョン・ノックス

しい教会規則によると、司祭や司教といった位階制的聖職はカトリック教会の残滓として頭から否定され、教会生活の根幹をなすものは聖職者と平信徒から選ばれた長老とからなる「長老会（Consistorium）」であるとされます。この委員会は教会員の日常生活から破門までの権限を与えられ、教会員の厳格な霊的訓練を重要な使命としました。また、カルヴァンは１５４２年に『ジュネーヴ教会問答』を公にし、信仰・律法・祈り・サクラメントなどについての平易な問答集として広く信徒の教育に用いました。また「ジュネーヴ礼拝式文」を書いて、これを教会での礼拝に広く用いました。

こうしてジュネーヴは宗教改革の重要なセンターの一つとしての役割を果たすことになります。各地からの亡命、学習のために多くの聖職者や信徒指導者がジュネーヴを訪れ、カルヴァンの教えを学んでいったのです。スコットランドの改革者ジョン・ノックス（図15）がスコットランドに持ち帰った改革教会は「長老派」と呼称され、やがてピューリタン革命とその挫折を経て、アメリカおよび世界各国で発展して行きました。

5 イングランドにおける宗教改革

ヘンリー八世による改革

16世紀にヨーロッパ各国で起こった宗教改革と軌を一にして、イングランド（英国）でも宗教改革が起こりました。それは、すでに述べたような出来事を背景として、ナショナリズムの高まり、人文主義による古典学問の研究（キリスト教では聖書原典の研究や古代教会の伝統の発掘）、聖書の各国語への翻訳、中世ローマ・カトリック教会に対する批判、などのいくつかの要因が複雑に組み合わさって、一つの歴史的必然として起こったのです。

チューダー朝のヘンリー八世は、16世紀初頭のヨーロッパにおいて、神聖ローマ帝国やフランス、スペインに比して立場の弱かったイングランドの地位を向上させ、さらに王権を強化するために、人々の間の独立と改革の気運を最大限に利用しました。もう一つ、ヘンリー八世がきっかけとしたのは、王妃キャサリンとの結婚解消問題でした。王妃キャサリンは、当時の神聖ローマ皇帝カール五世（スペイン王でもあった）の叔母にあたり、敬虔なカトリック教徒でした。大陸の大国であったスペインの影響を排除しようとしたヘンリーは、亡き兄アーサーの寡婦であったキャサリンとの結婚は旧約聖書のレビ記18章16節（「兄弟の妻を犯してはならない。兄弟を辱めることになるからである」）で禁止されている兄弟の配偶者との結婚であったという理由で、その無効をローマ教皇に申し立てました。しかし、1527年5月6日、スペイン軍がローマを占領し、当時の教皇クレメンス七世はスペイン王カール五世の監視下に置かれてしまったため、教皇による無効の宣言を得る可能性は絶たれてしまいました。

ヘンリーは教皇の権威による解決をあきらめ、イングランドの神学者や法学者に問題解決の可能性を研究するように命じました。その求めに応じたのが、トマス・クロムウェルでした。閣僚に就任したクロムウェルは議会における主導権を握り、イングランド議会における立法によってローマ教皇庁からの独立を次々と達成していきます。教皇庁の収入の源泉であった修道院の財産を遮断するとともに、聖職者に対する司法権をイングランド王に移行しました。1533年にはイングランド宗教改革の土台となる「上告禁止法」を起草し、議会を通過させたのです。これは、聖職者がローマ教皇裁判所へ上訴することを禁じる法律でした。そして、その集大成が、1534年の「国王至上法」でした。イングランドは教皇を含むいかなる外国の権威にも服しない独立した「帝国」であり、この国の最高権威者は単に国家の首長であるだ

図17 カンタベリー大聖堂（筆者撮影）

図16 トマス・クランマー

けでなく、イングランドにおける教会（アングリカーナ・エクレシア）の「地上における唯一至高の首長」であることがこの法律によって宣言されたのです。

トマス・クロムウェルと並んで、ヘンリーを教会の立場から支えたのが、トマス・クランマー（図16）でした。1533年、カンタベリー大主教に叙任されたクランマーは、ヘンリーと王妃キャサリンの結婚の無効を宣言するとともに、ヘンリーとアン・ブリンとの結婚を公式に認めたのです。このアン・ブリンからエリザベス一世が誕生します。なお、ヘンリーは一生の間に6人の后を迎えており、しかも、そのうち2人までも姦通罪や反逆罪の名目で処刑しています。

日本の歴史の教科書などでは「国王至上法」

成立の時点で、イギリス国教会（The Church of England）、すなわち聖公会が成立したように描かれていますが、実際にはこの時点でヘンリーが追求したのは、単なる「教皇抜きのカトリック教会」という方がふさわしいものであり、信仰面や教会の礼拝などにはほとんど手が付けられていなかったのです。ただ、クランマーによって英訳聖書の教会備え付けが認められたことは、その後の宗教改革の重要な布石となりました。すでに述べたように、イングランドではロラード派によってウィクリフ訳の英語聖書が密かに読まれていたのですが、15世紀末には、ウィリアム・ティンダル、マイルズ・カヴァデールによる聖書の英訳が進められました。ところがその当時、聖書の各国語訳は禁止され、異端とされており、ティンダルは火刑に処せられてしまいました。

１５３７年になると、ヘンリーはクロムウェルとクランマーの要請に応えて英訳聖書の公認を約束しました。各教会はできるだけ大きくて完全な聖書（実はティンダルとカヴァデールによる翻訳に基づく聖書）を、誰にでも読める場所に置いておかなければならず、それによってすべての教区民は何時でも好きなときに聖書に接することができるようになりました。それは、ティンダル聖書が禁止されてから13年後、ティンダルが火刑で殺されてわずか3年後のことでした。この大きな聖書の設置は大きな反響を呼び、至る所に人が群がったと言います。普通の人々が初めて自国語で直に神の言葉に触れることができるようになったのです。この大聖書は2年間で7版を重ね、長い間影響力を保ちました。多くの英語祈禱文はこの聖書から採られています。

修道院解散も、ヘンリー八世による改革の一つです。「全信徒祭司職」を主張する大陸の宗教改革によって、「聖なる場所」としての修道院は存在意義を失い、イングランドでもその波に乗って修道院解散が進められ、2000以上存在していた修道院のすべてが解散することになりました。このことによって、国庫(王室)の財政は極めて豊かになりましたが、その中から、教会の牧会(一般の人々のための活動)に必要な支出はほとんどなされませんでした。さらに、これまで下層階級の人々に対する救貧、医療、養老、その他の福祉的役割を果たしてきた修道院が解散されたことによって、多くの人々が行き場を失い、路頭に迷うことになりました。こうして、ヘンリー八世による修道院解散は経済面からも国王の権力を強化することに役立っただけでした。

エドワード六世の下での改革とメアリー時代の反動

1547年にヘンリー八世が逝去し、唯一の男子王位継承者であったエドワード六世がわずか九歳で即位すると、事態は急展開しました。エドワード六世の生母ジェーン・シーモアに連なるシーモア一族やダドリー一族などを後ろ盾に、改革派の人々が実権を握り、宗教改革を推進できるようになったのです。1547年7月に出された勅令は、英訳聖書と併せてエラスムスの『福音書注解』とクランマー編集による『説教集』の備え付けをすべての教会に命じるとともに、ろうそく、灰、棕櫚《しゅろ》の葉の使用を禁止し、偶像崇拝の対象となりうるという理由で聖像や画像の破壊を命じました。そのため、芸術的価値をも持つ多くの絵画や像が破壊されたことは残念でした。異端火刑法が廃止され、聖餐式における両種陪餐〈79〉と聖職の結婚の合法化が行われました。

ところがエドワード六世の死後、1553年に王位を継いだカトリック教徒メアリーによって改革の成果はすべて破棄され、イングランドは短い期間でしたが再びローマ・カトリック教会に復帰します。数百人に及ぶ改革派信徒と聖職者が処刑され、メアリーは「ブラッディ・メアリー」と呼ばれるようになります。この間に、信仰的良心を貫いて処刑された多くの聖職者と信徒の物語が今も伝えられています。

エリザベス一世による宗教解決

1558年にメアリーが死去し、エリザベス一世が王位を継いだ時のイングランドは、改革と反改革の間を揺れ動いた結果、極めて不安定な状態にあり、人々の間の対立も深まっていました。まず、宗教的には次の三つのグループに分かれていました。①ローマの復帰という点でメアリーを支持し、エリザベス登位の時点で実権を持っていた人々（主教など）、②プロテスタントの立場に立ち、職位を剝奪され、海外に亡命していた人々、③ローマにもジュネーヴにも追随することを望まず、古代教会の普遍性を維持しつつ、中世教会の悪弊を克服した改革を望む人々。エリザベスは当初用心深く態度を明確にしませんでしたが、やがて、エリザベスが選択したのは、カトリックとプロテスタントの両極を排した第三の方向（ヴィア・メディア＝中間の道）でした。ウィリアム・セシルという穏健な改革派を国務大臣に選び、改革派のマシュー・パーカーをカンタベリー大主教に任命したことにより、メアリーの時代には戻らないことを明確にしました。それが「エリザベスの宗教解決」と呼ばれる道でした。

「エリザベスの宗教解決」は、改革派および保守派の双方にとって満足のいくものではありませんでしたが、宗教上の不幸な対立から流血の惨事を繰り返してきた現実に嫌悪感すら抱いた多くの国民にとっては、安心のできる方向でした。また、イングランド教会がそれまで辿ってきた歴史的な道を、あまり大きく右にも左にもそれず歩み続ける方向でした。「エリザベスの宗教解決」を神学面から支えたのが、リチャード・フッカーでした。フッカーは主著『教会政治理法論』（１５９４年）の中で、イングランド教会も聖書をもって最高の権威とする点では他のプロテスタント教会と変わらないとしながらも、改革派の聖書至上主義に対して理性と教会の伝統を強調しました。神の啓示は聖書とともに自然をも通じて与えられ、人間は神が与えてくれた理性（神の恵みによる）をもって「理性の法（自然の法）」にうかがえる神の意志を知りうるとします。そして啓示が理性を完成すると主張しました。聖書に直接啓示されていない事柄については、神から与えられた理性によって定めることができると主張したのです。また、イングランド教会の統治形態と聖職制度は、聖書が示す神の法にも、人間が理性によって知りうる「自然の法」にももとらず、初代教会の教父たちの合意によって根拠づけられているとして、主教制を擁護しました。

「祈禱書」の誕生

イングランドにおける宗教改革の特徴は、「提題」や「信仰箇条」同士のぶつけ合いや論争によってではなく、礼拝に用いる「祈禱書《きとうしょ》（共通祈禱書）the Book of Common Prayer」によって神学者や聖職だけでなく、一般信徒をも巻き込んで改革が進められたことです。１５４９年1月、「礼拝統一法」が可決され、イングランド教会最初の第一祈禱書が使用されることになりました。祈禱書を編纂したクランマー自身も序文の中で触れていますが、礼拝統一法における祈禱書作成の原則は、(a)聖書に基づいていること、(b)原始教会の慣行に合致していること、(c)国内における礼拝の統一を目指すものであること、(d)民衆の利益になるものであること、というものでした。

この第一祈禱書は、礼拝学的に見れば優れたものでしたが、作成の時点では保守派にとっても改革派にとっても満足できるものではありませんでした。1552年4月、議会は「第二礼拝統一法」を可決し、さらにプロテスタント的な方向に宗教改革を推し進めました。その結果生まれたのが第二祈禱書です。

こうして、ローマ・カトリック教会の慣習、動作、服装、装飾は極力取り除かれ、礼拝の際に着用する「祭服(式服)」も、簡素なものになりました。しかし、それでもなお、保守派からの抵抗はもちろんのこと、改革派からの不満も根強く残りました。

また、「第二礼拝統一法」は「第二祈禱書」による礼拝への参加を義務づけ、違反者には厳しい罰則を課しました。それは、一面では思想統制でもありましたが、同時に、英語による礼拝と聖書に基づく信仰を人々の間に広め、実質的な宗教改革を推し進めることに大きく貢献したということができます。この第二祈禱書は、その後紆余曲折を経て、若干の改訂が加えられるものの、英国聖公会の祈禱書の土台となり、第五祈禱書(1662年)は、現在に至るまで英国聖公会の公式の祈禱書となっています。

ピューリタン革命

エリザベスの治世も後半になると、改革派の主張は次第に明確な神学的色彩を帯び、宗教的対立は、ピューリタン対国教会という姿をとるようになります。ピューリタン（清教徒）とは本来はプロテスタント急進派に対する蔑称で、中世のカタリ派や新約聖書のファリサイ派に通じる響きを持っていましたが、次第にイングランド教会内の反体制派、長老派[80]、会衆派[81]などの呼称として用いられるようになり、やがて、長老派、会衆派だけでなく、バプテストやクェーカーなどの分離主義者も含めて、国教会体制に反対するプロテスタント全般に用いられるようになりました。

1570年、トマス・カートライトは『使徒行伝講義』を講義し、主教制を否定し、長老主義的立場を唱えました。1572年には著者不明の文書『議会への勧告』が公にされ、その中で、主教制の否定、陪餐時の跪拝《きはい》（ひざまずくこと）の禁止、結婚式における指輪の使用などを非聖書的慣習であるとして廃止を呼びかけました。また、女王と聖職者会議、主教たちに失望した彼らは、教会区制度の枠組みの中で、クラシスという長老制の教会制度を確立しようとし、同時に「聖書釈義集会」と呼ぶ情宣活動の場を生み出しました。エリザベスはこれに対して聖書釈義集会の禁止と説教者の削減を命じましたが、改革派に共感していた当時のカンタベリー大主教グリンダルはこれを拒否、グリンダルは職務停止となります。また、1582年には、ロバート・ブラウンが『何者にも期待しないで行われるべき宗教改革』を著し、国家との一切の絆を断ち切った宗教改革を主張します。これに対して1589年には、リチャード・パンクロフト（後にカンタベリー大主教）による長老主義批判、主教制擁護の説教が行われます。

次第に対立が激化する中で、1603年、エリザベス一世が逝去すると、独身のエリザベスには後継者がいなかったため、イングランドの王位継承権を持っていたスコットランドのスチュアート家からジェームズ一世がイングランド王として即位します。ジェームズは長老主義のスコットランド教会によって育てられましたが、母親のメアリー・スチュアート（スコットランド女王。1587年に反逆罪でエリザベス一世によって処刑）はカトリック教徒であり、スコットランド教会の長老主義とローマ・カトリックの双方の影響を受けていたと思われます。ジェームズ一世は即位の翌年、1604年にハンプトン宮殿にイングランド教会とピューリタンの代表を招き、双方の会談を実現させましたが、結局彼は「主教なければ国王なし」と宣言して、主教制を主張するイングランド教会を支持する態度を明らかにし、スコットランド出身の王に期待していたピューリタンを失望させました。こうして、ピューリタンとの対立は深まって行きます。

ジェームズ一世の業績として触れなければならないのが、いわゆる「欽定訳聖書」の出版です。

エリザベス一世時代にティンダル訳の聖書をもとに翻訳された『主教聖書』が出版されましたが、１６０３年にジェームズ国王は位に就くとすぐに、新たな改訂を命じました。国中の最も優れた聖書学者が１６０７年に集まって作業を始め、４年もしないうちに現在『欽定訳聖書(King James Bible, Authorized Bible)』と呼ばれている英語版聖書が完成したのです。この聖書は主として『主教聖書』に基づいていましたが、それだけでなく編纂者は１５８２年に刊行されていたカトリックの新約聖書をはじめ、ウィクリフの翻訳を除くすべての英語版聖書を参考にしたと言われています。この欽定訳聖書が近代英語の形成に与えた影響は甚大なもので、後代の人々はこの欽定訳を英語散文の模範と見なすようになります。別の翻訳の試みがされたのは、１８７０年代になってからのことです(『改訳聖書(Revised Version)』１８８１〜１８８５)。

ジェームズ一世の宗教政策に大いに力を振るったのは、ウィリアム・ロードでした。グロースター大聖堂の首席司祭として教会の大改革に踏み切った彼は、「徹底政策」と呼ばれる方策を次々と実行し、礼拝に統一と秩序をもたらしました。やがてジェームズ一世により、ウェールズのセント・デービス教区主教に任命され、国王の反ピューリタン政策の立案・推進者となりました。１６２５年、ジェームズ一世が逝去し、息子のチャールズ一世が即位すると、よりいっそう重用されるようになり、１６２８年にはロンドン主教ならびにオックスフォード大学総長に就任しました。彼は礼拝における「秩序と品位」を回復するため、祈禱書の規定と教会法の遵守を厳しく要求し、違反者には聖職と信徒、貴族と平民の区別なく処罰を科しました。特にカルヴァン主義の影響の強かったオックスフォード大学では、各カレッジの学問的内容、礼拝、教員の資質と採用などにもロードの意志が反映されるようになりました。

ロードのロンドン主教就任と同じ年、1628年には議会で「権利の請願」が提出され、翌1629年にはロードの政策に反対するピューリタンと法律家が連合して、国王並びにロードをはじめとする教会首脳部に対決する動きを示しましたが、チャールズ一世は議会を解散し、以後12年間、ロードらの「寵臣」に頼って政治を進めることになります。1633年カンタベリー大主教に就任したロードは、さらに「徹底政策」を推し進めようとして、1638年には、スコットランドにまで彼の政策を押しつけようとし、ついには反乱を引き起こしてしまいます。しかし暴動を鎮圧するために派遣されたイングランド国王軍は、「国民契約」を結んだスコットランド軍の前に敗退してしまうのです〈82〉。

1640年にチャールズ1世がやむなく招集した「長期議会」は、翌年、国王の失政に対する「大抗議文」とローマ的慣行の一掃を求めた「根こそぎ請願」を提出し、12年にわたる「寵臣政治」に終止符を打ちました。ロードはロンドン塔に監禁され、1645年に処刑されます。そして、1649年にはチャールズ一世が処刑され、共和制が樹立されることになります。いわゆる、「ピューリタン革命」です。

ピューリタン革命の破綻と名誉革命

内戦が始まると間もなく、新しい信条や教会のあり方を検討するために、1643年に「ウェストミンスター会議」が招集されました。この会議において、教皇制や主教制を廃止し、長老制を目指した『厳粛なる同盟と契約』（1643年）や『公同礼拝指針』（1644年）が承認されました。1645年には主教制と祈禱書が廃止されました。また、現在でも長老派教会にとっては綱領的文書である『ウェストミンスター信仰告白』や『大教理問答』『小教理問答』が作成されました。〈83〉

ピューリタン革命を推進した勢力は「議会派」と呼ばれました。「議会派」には、独立派、長老派、水平派など多様な党派が存在しましたが、それらをひっくるめて「ピューリタン（清教徒）」と呼んでいます。それに対して、王制を擁護する人々を国王派と呼びます。長老派は国王派との和解に傾きますが、強硬路線をとる独立派に追い落とされ、独立派のオリヴァー・クロムウェルが1653年に「護国卿」として権力を握ることになります。

ピューリタン革命について、八代崇は、「ピューリタン革命を一言で言い表せば、政治的には絶対主義的王制に対する議会主義的共和制の勝利であり、宗教的には、主教制とサクラメントによって示される伝統主義的教会体制に対する宗教的個人主義の勝利であった」と指摘しています。〈84〉それは、アメリカ独立革命やフランス革命に大きな影響を及ぼしましたが、反面、崩壊に至る本質的な要素をも抱えていました。それは、ピューリタン各党派内の不一致、つまりは党派主義の蔓延でした。宗教改革の大原則である「聖書のみ」「信仰のみ」は、伝統主義的、形式主義的権威の否定と個人の信仰の自由を可能にしましたが、それが共同体としての交わりから離れ、極端な個人主義に走るとき、宗教的分裂へと行き着くのは避けがたいことであったかもしれません。その後アメリカに渡ったピューリタンの各グループが多くの教派を生み出したのも偶然ではないと言えるでしょう。

また、こうした党派主義の蔓延以前に国民の意識の未成熟という根本的問題が指摘されなければなりません。ピューリタン研究の権威である大木英夫は、すでに1968年の著作『ピューリタン―近代化の精神構造』の中で、国王チャールズ一世処刑の数日後に『エイコン・バシリケ(王の像)』と題された書物が出版され、飛ぶように売れ、王を殉教者として扱い、追慕の情を広めたという事実を指摘し、「多数の英国人が王なき新しい時代に建設的に進まないで、かえって死んだ王の思い出にしがみついているとすれば、共和国の建設は困難なことと言わなければならない」「時代が大きく転換して新しい社会が建設されなければならないこの時、人民に求められるのはこの〈自由〉なのである。それは古い伝統的なものからの〈自由〉である」〈85〉と述べています。しかし、英国民は王に代わる神権政治の権威にも、新しい共和制民主主義にも馴染むことはなかったのです。

1658年、オリヴァー・クロムウェルが死ぬと、有能な後継者もなく革命勢力は四分五裂になり、王政復古への気運が急速に高まります。1660年に開かれた議会はチャールズ一世の息子チャールズ二世の復位を決め、2年後には主教制並びに祈禱書による礼拝が復活しました。しかしそれは、もとのロード主義に戻ったということではありませんでした。イングランド国民は、極端な個人主義に基づく信仰も、権威主義的教会体制にも背を向け、フッカーが示したような包括的な「ヴィア・メディア」に戻ることを選んだと言えるでしょう。こうして、1662年には第五祈禱書が制定され、「礼拝統一法」も新たに制定されました。今日に至るまで、法的には、この1662年祈禱書がイングランド教会の公認の祈禱書となっていることはすでに述べました。

また、イングランド教会の下で弾圧されていた長老派や会衆派などの非国教的教派も活発な活動を始めました。特に1689年に出された寛容令によって、彼らは活動の自由を獲得して、国教会制度は事実上崩壊を始めたのです。そしてイングランドでの宗教的寛容はアメリカの植民地にも影響を与え、アメリカの植民地における「信教の自由」「政教分離」を促しました。

しかし、もう一波乱が待ち受けていました。王政復古で王位に就いたチャールズ二世は、カトリック的傾向を持ち、フランスの軍事力を借りてでもローマ・カトリック教会をイングランドで復活させようとしていたことが明らかになり、国民の不信は深まりました。そして1685年チャールズはカトリック教徒として死去しました。後を継いで王位に就いたジェームズ二世はもっと露骨にカトリック化を進めようとし、イングランド教会の権威すら認めず、カトリック教徒の登用を始めました。カトリックの修道院も再建されました。これに危機感を抱いた教会と政界の指導者たちは、1688年、密かにオランダのオレンジ公ウィリアム（ウィレム）とその妻メアリーに来英を求める書簡を送り、同年11月ウィリアムはエクセター州トーベイに上陸し、ジェームズはフランスに亡命します。いわゆる「名誉革命」です。翌年、議会はジェームズの廃位を宣言し、同じスチュアート朝に属するプロテスタント、オレンジ公ウィリアムをウィリアム三世、その妻メアリーをメアリー二世として、両者の共同統治を実現させました。ウィリアムとメアリーは、王位に対する議会の優位を認めた「権利の宣言」に署名し、それは同年「権利の章典」として発布されます。

ウィリアムとメアリーの即位に当たって、その正統性に疑いを持ち、臣従を拒否した相当数の聖職者がいました。当時のカンタベリー大主教ウィリアム・サンクロフトおよび8人の主教、約400人の聖職でした。彼らは戴冠式において「油塗られた」国王の権限は神によって与えられたものであり、議会といえどもそれを剥奪することはできないと考えました。彼らは「ノンジュラー（臣従拒否者）」と呼ばれ、彼らは、自分たちこそ本来の意味のカトリック教会（ローマのカトリックではなく、本来の「普公的な」、普遍的な教会）のイングランドにおける枝であると確信し、使徒継承（使徒時代から連続して主教の位が引き継がれているという考え）に基づく主教位の存続を願いましたが、もはや大きな力は持ち得ませんでした。[86] しかし、国家の束縛を離れ、礼拝の改革などを自由に追求することができるようになったのは歴史の皮肉かもしれません。

6 メソジスト運動とイングランド教会における諸党派の形成

ここでは、イングランド教会からさらに分岐が進み、メソジストをはじめ、新しい動きが始まることを見ておきましょう。

「名誉革命」を経て、イギリスの政治はいわゆる「立憲君主制」として安定した地盤を築くことができました。また、産業革命の結果、イギリス社会は繁栄を謳歌します。しかし、それと同時に社会的には階級差が拡大し、貧困層も増大していきました。一方、イングランド教会はそうした社会的変化に対応できず、ある種の宗教的・倫理的停滞と退廃が社会にはびこるようになっていきます。そのようなイギリス社会とイングランド教会に大きな波紋を呼び起こしたのがメソジスト[87]運動でした。

ジョン・ウェスレー（図18）はイングランド教会の司祭でしたが、拡大しつつあった格差社会の中で社会的底辺で苦しむ人々に眼差しを向けました。彼は従来のイングランド教会の体制や小教会区の境界を越えた新しい伝道活動を始めたのです。人々の中にウェスレーが見て取ったのは、何よりも道徳の荒廃であり、魂の救い、罪人の救済の必要性でした。彼は野外や墓地で説教し、キリスト者としての「聖化」「完全」を訴えたのです。大陸のプロテスタント敬虔主義の影響を受けたジョン・ウェスレーは、このよ

図18　ジョン・ウェスレー

うな下層民衆の現状を嘆き、罪を悔い改め、キリストにあって生きる信仰を抱くあらゆる魂に、完全で自由な救済が与えられるというメッセージを説教し続けました。彼は馬に乗って全国を駆け巡り、その距離は実に35万キロ、50年間に4万回を超える説教をしたと伝えられています。

ウェスレーはまた、彼のメソジスト運動を支持する群衆を組織化する上で、並外れた才能を発揮しました。彼は人々を「集会」に組織し、この「集会」を「救いを全うするために、共に信仰の力を求め、共に祈り、勧告の言葉を聴き、愛のうちに見守り合おうとして結ばれた人々の一団」と位置づけます。これらの集会では、メソジスト特有の礼拝、すなわち罪を犯した人を訓戒する組会、夜を徹して祈り続ける祈禱会、年齢、性、職業の別による班会などが開かれました。これらの集会を監督する人々も任命されました。しかし、ウェスレー自身生涯イングランド教会の聖職者にとどまったことにも見られるように、これらの組織はウェスレーにとっては決して教区会教会の礼拝や組織に対抗するためではなく、当時不十分であった教会区聖職者の働きを補うためだったと思われます。

メソジスト運動はその後、アメリカに渡り、また、組織的にも聖公会からは完全に独立・分離して、福音主義の一大教派を形成するようになります。また、その他の非国教プロテスタント諸教派も、ピューリタン革命の痛手から回復し、また新大陸アメリカへの移住と伝道によって、世界的な勢力へと成長していきます。それと同時に、メソジスト運動がイングランド教会に対して与えた衝撃は大きく、イングランド教会そのものの覚醒を促すこととなります。

まずイングランド教会の中にも、福音主義者（エヴァンジェリカル）と呼ばれるグループが形成されます。中でもチャールズ・シメオンは目立った指導者でした。彼らは教会内の合理主義的傾向と当時の世俗的風潮を批判し、回心を迫る伝道に力を入れ、イングランド教会内で活動的な一翼を形成していきました。このように、プロテスタント的傾向が強く、非国教の諸派とも共鳴する人々はロー・チャーチと呼ばれました。ロー・チャーチは元来、17世紀のロード派に対抗する運動であって、政治的にはトーリー党(伝統と秩序、国教会の権威を重んじます。後に保守党に発展）に対抗してホイッグ党（議会を重視、後の自由党）の立場に立ったグループでしたが、奴隷制度・奴隷貿易の廃止や宣教活動などに積極的に取り組みました。

他方、これに対する反動としてイングランド教会に現れたのが、ジョン・ヘンリー・ニューマン[88]、ジョン・キーブル、エドワード・ピュージーらを指導者とし、1830年代にオックスフォードの知識人から始まったオックスフォード運動でした。オックスフォード運動は、「神立の教会」を標榜し、イングランド教会におけるカトリック的伝統を重視しました。彼らは典礼における様々な伝統を回復しただけでなく、神学的にも当時の教会に広まっていた科学的合理主義を批判し、神的真理の検証は人間理性によって判断されるべきではなく、それは神の教会の権威によってのみ明らかにされると主張しました。

また、この運動が重要なのは、それが単に知識人の間の学問的な議論の域にとどまらず、労働者の悲惨な生活状態や道徳の荒廃などの社会問題との接点を持ち、さらにその神学上の立場に沿った聖職者の積極的な養成に向かったことでした。その結果、この運動は神学者と下級聖職者の結合という性格を帯び、イングランド教会の底辺をなす教会区レベルでも、礼拝様式の改革など顕著な変化をもたらしました。

オックスフォード運動の出現によって、ロー・チャーチの側に大きく傾いていたイングランド教会のバランスが回復されるとともに、神学上対極的な立場に立つ両派が互いに競い合ってそれぞれの勢力を伸ばそうとする過程で、イングランド教会全体の活力が養われたと言えるでしょう。こうした動きは、一般にハイ・チャーチ、あるいはアングロ・カトリックと呼ばれます。

それに対してブロード・チャーチと呼ばれる立場は、他の2派のともすれば偏狭に走りやすい傾向を排し、同時代の工業社会の現実や自然科学を含む学問の発達に対してより開かれた態度をとろうとしました。この姿勢は、モーリスやチャールズ・キングスリーを中心とする「キリスト教社会主義運動」と呼ばれる運動にも伝えられました。「社会主義」といっても、その後、ロシアなどで生まれたいわゆる社会主義とは全く異なるもので、現在のイギリス労働党などへとつながる考え方といった方が近いでしょう。この運動自体は、ブロード・チャーチばかりでなくその一翼はハイ・チャーチによっても、またロー・チャーチによっても担われました。

こうして、イングランド教会には、ハイ・チャーチ、ロー・チャーチ、ブロード・チャーチという党派が形成され、競合してその後の宣教を進めるようになりました。海外宣教においては、ロー・チャーチの人々がCMS（教会伝道協会）に結集し、ハイ・チャーチの人々がSPG（福音普及協会）を中心に宣教活動を展開しました。

7 宗教改革急進派

宗教改革をどこまで推し進めるのかは大きな問題でした。イングランド教会は古代教会をモデルとし、ローマ・カトリックの「腐敗」は取り除き、聖職制度や礼拝様式はローマ・カトリックのものを若干の修正を加えて引き継いでいます。ルター派やカルヴァン派は、できるだけ初代教会のありかたに倣おうとし、パウロ書簡や使徒言行録などを参照し、位階的聖職制度を否定し、全信徒祭司職という思想を強調し、あるいは長老制度という新たな教会政体を打ち立てました。これに対して、さらに初代教会に接近し、教会制度そのものを破壊し、神との直接的な関係に基づいてキリスト教を組み立て直そうとしたグループがあります。彼らは「宗教改革急進派」と呼ばれます。

まず挙げなければならないのが、スイス兄弟団をはじめとする再洗礼派（アナバプティスト）です。彼らは当初ツウィングリの熱烈な信奉者でしたが、やがて当局（スイスの都市は自治都市）の支持に頼って改革を漸進的に進めようとするツウィングリを日和見主義と断じて、１５２５年には再洗礼を通じて生まれ変わった少数者からなるセクト結成へと踏み切ることになります。[89] 彼らの特徴は、①信仰者の洗礼のみを実施し、幼児洗礼を否定する、②山上の説教を強調し、極めて教条主義的・倫理的にそれを理解する、③厳格な教会員の訓練、④平信徒祭司制、⑤国家と教会を分離し、官職就任・兵役および戦争税を拒否する、⑥宣誓を拒否する、⑦現世を拒否する、などです。[90]

再洗礼派はさらにフッター派、ハンス・デンク派、フート派などの分派を生み出し、一層過激な主張を唱えるようになります。カルヴァン、ツウィングリなどの改革派教会はこれを弾圧し、少なからぬ犠牲者を生み出します。

ドイツでは、ルターに共鳴していた改革者の中から、聖書や教会とは無関係に神の啓示を受けることができるとする心霊主義を唱えるカールシュタットらが現れ、ルター派から離脱します。また、トマス・ミュンツァーは神秘主義、革命主義、千年王国的終末論を唱えて、千年王国主義者の「ツヴィカウの預言者たち」[91]と交わり、やがて農民戦争を通じて聖俗一切の権力を打倒し、千年王国を実現しようとします。さらに、1533年秋、預言された終末の日が来たとして、ヤン・マティスらはアムステルダムに現れ、オランダの再洗礼派を引き込み、隣接するヴェストファーレンの司教都市ミュンスターを目指して続々と移住を開始し、ここにコミューンを築こうとしました。彼らは住民すべてに再洗礼を強制し、ミュンスターを聖なる都エルサレムにしようとしたのです。しかし、ミュンスターはカトリックとプロテスタントの連合軍に包囲され、食料不足によって原始共産制が実行されました。さらに族長時代にまで遡って一夫多妻制が実行されることもありました。1535年6月、コミューンは陥落し、大虐殺が発生しました。そのようなもとで、オランダの元カトリック司祭メンノー・シモンズは逃亡拡散した群れを集め、再び信仰者の交わりとしての教会を形成し、後にアメリカに渡って存続を確かなものとしました。メノナイト派と呼ばれます。アーミッシュ[92]はその極端なグループです。

8 カトリックの改革

この時期のローマ・カトリック教会における改革運動は、以前はプロテスタントの改革運動に対抗するという意味で「対抗宗教改革（Counter Reformation）」「反宗教改革」などと呼ばれていました。しかし、菊地榮三は「ルターの宗教改革以前の15世紀に、様々な改革運動として始まり、その後、ルターやカルヴァンの改革に刺激されながら、イエズス会やトリエント公会議として開花し、17世紀まで続いたカトリック教会の自発的な改革運動〈93〉」と定義し、単にプロテスタントに対する対抗措置であるとしたこれまでの呼称に異議を申し立てています。本書でも菊地のこの定義に従って、ローマ・カトリック教会における改革運動とその発展として捉えることとしています。

トリエント公会議

すでに述べたように、教皇のアヴィニョン捕囚や教会大分裂の結果、教皇の教導権は弱体化し、教会の知性や倫理性は弛緩し、信仰生活の形式主義化が広まっていました。カトリック教会自身もこの状態を変革し、新たな出発を試みました。14、15世紀には各地で修道会や信徒による改革運動が始まっていましたが、これらの改革運動をカトリック教会全体の改革へと結び付けたのは、教皇パウルス三世の招集によるトリエント公会議でした。会議は三つの期間に分かれて開かれ、第1期（1545～47）はパウルス三世、第2期（1551～52）はユリウス三世、第3期（1562～63）は教皇ピウス四世の下で開かれました。

この会議の主要な議題はカトリック教会の教理の確定と教会改革の2本柱でした。〈94〉

（1）教理に関して…①真理の源泉は、聖書と聖伝（伝承）の二つである、②教会のみが聖書解釈の権利を有する、③ヒエロニムスによるラテン語訳聖書である『ウルガタ』聖書の権威を認める、④旧約聖書外典（続編）を第二正典とする、⑤義化（成義。プロテスタントの用語では義認）とは、単に罪の赦しだけでなく、聖化および内的人間の更新である。また人間の意志は義化の全プロセスを司る神の恩恵と協働するものであり、人間は何らかの功徳を積む可能性を有する、〈95〉⑥サクラメント（秘跡）に関しては、中世と同様の教理が再確認され、洗礼・堅信・告解・叙階・終油・結婚・聖餐の七つのサクラメントを認め、その客観的効力を確認した（事功論）、⑦サクラメントにおける実体変化説を確認した。

（2）教会改革に関して…①中世末期の悪弊であった聖職者の兼有を禁じ、司教には原則として自教区に定住する義務を課し、聖職者養成のための神学教育が整備された、②3年ごとに管区会議を、毎年教区会議を開催すること。司教は定期的に教区を巡回すること、などが確認された。

これらの改革によって、西方カトリック世界は、学問・芸術をはじめ、霊的な改革も広く行われました。

イエズス会による外国伝道の活発化

このようなカトリシズム復興の一つの柱が、イエズス会を中心とする海外伝道でした。イエズス会を立ち上げたイグナティウス・デ・ロヨラ（1491〜1556）はスペインのバスク地方のロヨラ城に貴族の子として生まれ、古代の教父アンティオキアのイグナティウスの名に因んで自らイグナティウスと名乗りました。彼は成人して軍人となりましたが、重傷を負って故郷に送還されました。その治療と静養の期間に、彼はキリストや聖人たちの伝記を読みあさり、キリストの兵士となる決意を固めたと言われます[96]。

彼は6人の同志とともに独自の修道会を結成し、1539年、その会則を教皇に提出しました。新しい会の名前は「ソキエタス・イエス（イエズス会）」と呼ばれ、キリストとその地上の代理者である教皇のために闘うという戦闘的な修道会でした。イエズス会は各会員の霊的進歩とすべての人の救いの促進であり、会員は2年間の修練を行った後、清貧、貞潔、従順の三誓願を立てなければなりませんでした。そして、異端を根絶し、異教徒を回心させ、説教と教理教育と贖罪と愛徳事業を通じてキリスト教の信仰と生活を世界に広めることを目標としたのです。

15世紀に始まった「大航海時代」において世界に宣教事業を拡大し、植民地の建設と原住民の改宗を推し進めた中心勢力が、このイエズス会でした。彼らはインド、中国、日本などにも有能な宣教師を派遣し、キリスト教の布教を進め、次第にカトリック教会内の一大勢力となりました。

コラム

日本のキリシタン

イエズス会のフランシスコ・ザビエル（図19）によって日本にもたらされたキリスト教を、当時の日本では「キリシタン」と呼びました。スペイン人のイエズス会士ザビエルは、ポルトガル王の要請で1541年にインドに向かってリスボンを出航し、翌年以降、インドのゴアを中心に活躍し、ゴアでは伝道神学校を設立し、南インド全域にわたって布教し、その足跡はマラッカにも及びました。

図19　フランシスコ・ザビエル

マラッカで鹿児島出身のヤジロウと出会った彼は、日本への布教を志し、ヤジロウをゴアに送って神学を学ばせ、洗礼を授けました。こうして、ザビエルは、ヤジロウの案内で2人の会士を伴って1549年8月に鹿児島に上陸しました。ザビエルは領主島津貴久と会見し、布教を開始しました。その後2年3ヵ月の間に彼は鹿児島、平戸、博多、山口を巡り、1551年には京都まで辿り着きます。しかし長い戦乱で荒廃した京都を見て、彼は当時西の京都と呼ばれた山口に戻り、大内義隆の庇護のもとで山口での布教に努めました。彼は日本の文化や宗教が中国から学び取ったものであることを知り、いったんゴアに戻り、準備を整え、中国・広東の島に上陸しましたが、熱病に倒れ、1552年病没します。

その後、日本のキリスト教伝道はザビエルの後継者によって進められ、為政者の間でも受洗する者が続出しました。肥前の大村純忠、有馬晴信、豊前の大友宗麟、摂津の高山右近、肥後の小西行長など、いわゆる「キリシタン大名」です。改宗の動機としては純粋に信仰的な動機はもちろんですが、南蛮貿易によって多くの利益が得られるという現世的な目的もあったと推察されます。これらの大名、武士階級の他に大勢の町民や農民がキリシタンに改宗しました。ザビエル来日から1587年の豊臣秀吉による「伴天連追放令」までの40年間におよそ35万人、人口の2パーセントがキリシタンになったと言われています。

織田信長は伝統的宗教に対抗し、西洋の文明を取り入れる上でキリシタン勢力を取り込もうとしました。また豊臣秀吉も当初はキリシタンに宥和的政策をとりましたが、ポルトガル、スペインなどのカトリック国による日本への脅威を排除するために、禁教令を敷きました。1597年、「二十六聖人」の殉教という悲劇はそうした中で起こりました。徳川幕府は当初、キリシタンの布教を黙認していました。しかし、オランダ、イギリスなどのプロテスタント諸国との貿易は宗教上の懸念もなく、好都合であったため、家康は1611年頃からカトリックのキリシタン迫害を急速に強化し始めます。一方、オランダに対しては長崎の出島を窓口としての貿易を継続します。いわゆる「鎖国」政策です。こうして1614年には禁教令が発せられ、高山右近、内藤ジョアンをはじめ多くのキリシタンが宣教師とともにマニラとマカオに追放されたのでした。この迫害の頂点として勃発したのが、「島原の乱」(1637年)です。この戦いの結果、3万人の一揆勢は幕府軍によって全滅させられました。徳川幕府は1639年の鎖国令によってキリシタン禁教政策を強化し、多くのキリスト教徒はいわゆる「隠れキリシタン」となって、聖職者なしに信徒の力によって密かに信仰を守り続けることになります〈97〉(菊地榮三、菊池伸二『キリスト教史』に基づく)。

大航海時代におけるヨーロッパ諸国による植民地争奪は、コロンブスによる「アメリカ発見」によって新たな段階を迎えます。１４９２年10月、コロンブスはバハマ諸島の一つに上陸しました。スペイン（アラゴンとカスティリャ）の君主は、１４９３年に教皇から「新大陸」の領有を認める勅書を得て、植民地獲得に乗り出したのです。さらに、１４９４年のトルデシャリス条約によって、カトリック勢力は世界をスペインとポルトガルとで二分し、スペインはポルトガル領とされたブラジルを除く南アメリカ、カリブ海の多数、さらに北アメリカ大陸の西部と南部を支配下に置きました。そして、ピサロやコルテス、ボリーバルといった「コンキスタドーレス（征服者）」を送り込み、現地に存在していたインカ文明や、アステカ、マヤ文明をはじめとする都市文明を破壊し、征服事業を進めました。

征服者たちは金銀財宝を収奪して本国に持ち帰り、現地の先住民たちを奴隷として酷使しました。このような恐るべき征服、虐殺、収奪の実情は本国の人たちには十分に知られていませんでしたが、ドミニコ会のバルトロメ・デ・ラス・カサス司教は、スペイン本国に戻ってから報告書[98]を発表し、原住民を奴隷として酷使することに反対しました。彼はエスパニョーラ島、サンファン島、ジャマイカ島、ニカラグア地方、ヌエヴァ・エスパーニャなどにおける「征服者」たちの蛮行について、つぎのように記しています。

「キリスト教徒は馬に跨がり、剣と槍を構え、インディオを相手に前代未聞の殺戮や残虐な振る舞いに耽り始めた。彼らは村々へ闖入し、子どもや老人だけでなく、身重の女性や産後間もない女性までも、見つけ次第、その腹を引き裂き、身体をずたずたに斬りきざんだ。それはまるで囲い場に閉じ込められた子羊の群れに襲いかかるのと変わらなかった。キリスト教徒はインディオの身体を一刀両断にしたり、一太刀で首を切り落としたり、内臓を破裂させたりしてその腕を競い合い、それを賭け事にして楽しんだ。母親から乳飲み子を奪い取り、その子の足をつかんで岩に頭を叩きつけたキリスト教徒たちもいた」〈99〉。

これに対して、教皇パウルス三世は1537年、勅書『ヴェリタス・イプサ』を発して、インディオを奴隷にすることを禁じました。

「新世界」へのキリスト教布教は植民地化政策の一環であり、宣教師たちは現地の宗教を破壊しつつ、先住民の教化、教会の建設を進めました。インカやアステカなどの先住民の国家を滅ぼし、その文化を破壊し、植民地風の都市を建設して、先住民たちを搾取する基地としたのです。これはキリスト教にとっての最大の恥部だと言えるでしょう。

キリスト教の「違い」がわかる

● 三大宗教の違い

	キリスト教	ユダヤ教	イスラム教
信仰の対象	三一神	ヤハウェ	アッラー
信仰の創始者	イエス・キリスト	アブラハム（祖先）	ムハンマド
経典	新旧両約聖書	ヘブライ語聖書	クルアーン

● 正統と異端の違い

	正統信仰	アリウス派異端
神論	三一神	御子の従属
御子	父と一体	父の被造物

● 西方キリスト教と東方正教の違い

	西方キリスト教	東方正教
神論	三一神	三一神
聖霊の発出	父と子	父から（子を通して）
最高位聖職	ローマ教皇	コンスタンティノポリス総主教
教会政体	教皇の普遍的裁治権	各民族・国家で独立自治
十字の切り方	上→下→左→右	上→下→右→左

● カトリックと各プロテスタントの違い

	ローマ・カトリック	ルター派	カルヴァン派	聖公会
神論	三一神	三一神	三一神	三一神
啓示の源泉	聖書＋伝承	聖書	聖書	聖書（＋理性と伝統）
聖職位	教皇、枢機卿、大司教、司教、助祭	牧師	牧師、長老	主教、司祭、執事
聖餐論	ミサ、実体変化説	聖餐、主の晩餐、共在説	聖餐、主の晩餐、天における主の体と血	聖餐、礼拝全体における主の体と血の臨在

第8章

北アメリカ大陸における キリスト教の発展

1 北米東部植民地の形成

新世界と言われた北アメリカ大陸に、キリスト教の信仰はどのようにして伝えられたのでしょうか。まず、後にアメリカ合衆国となった13の東部植民地の状況について見てみましょう。

イングランドの13の植民地(図20)は、北から順に「ニューイングランド植民地」「中部植民地」「南部植民地」に大別されます。「ニューイングランド植民地」はマサチューセッツ、ニューハンプシャー、コネチカット、ロードアイランドから成り、「中部植民地」はニューヨーク、ニュージャージー、ペンシルベニア、デラウェア、「南部植民地」はメリーランド、バージニア、ノースカロライナ、サウスカロライナ、ジョージアから成り立ちます。これらの植民地は地理的差異だけでなく、その成立の経緯や統治の性格が異なっています。

「ニューイングランド植民地」は、イングランドのピューリタン(会衆派、長老派など非国教徒プロテスタント)が国教会による宗教的な統制から逃れてメイフラワー号でマサチューセッ

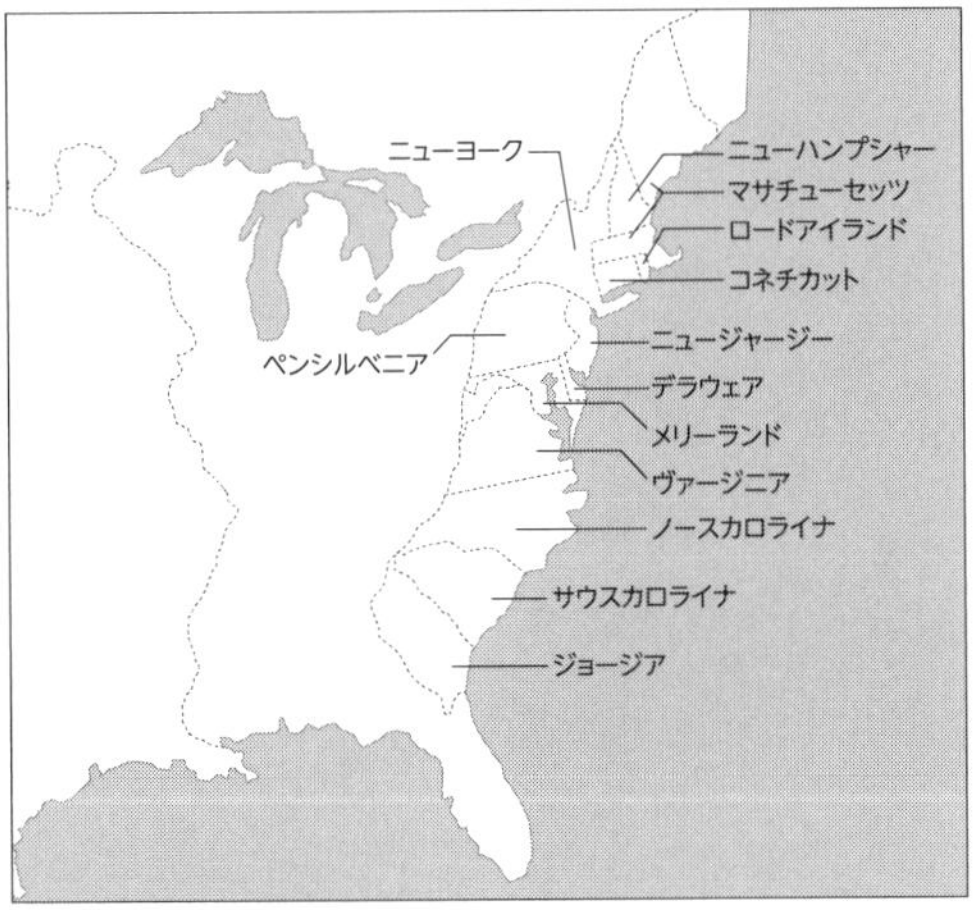

図20　イングランドの13植民地（1775年）

ツ・プリマスに上陸した（1620年）のが始まりでした。これらの植民地はピューリタンが多数派を占め、国王の勅許状（Charter）なしに本国政府とは無関係に作られたもので、植民地の政治も彼らと契約を結んだ「契約共同体」として進められました。彼らは教会を形成し、牧師や教師を選任しました。神学的には会衆派（congregationalists）[100]の傾向が強く、他のグループに対しては不寛容であったと言えるでしょう。政治的異端者と宗教的異端者は破門・追放されました。一種の神権政治が行われていたのです。ニューイングランドではイングランド教会の信徒は少数派であり、イングランド教会の信仰を持つ者もピューリタンの教会の礼拝に出席することを義務づけられました。それを拒否する場合には、他の地方に移住しなければならなかったのです。1689年にイングランド本国で「宗教的寛容」が認められるようになると、ニューイングランドでもイングランド教会の教会が建てられるようになります。また、このような植民地も後には国王からの「勅許状（Charter）」を与えられるか、他の植民地に併合されるかして17世紀には姿を消してしまいます〈101〉。

中部および南部の植民地は、国王（政府）が勅許状を特定の個人や団体に与え、それらの個人や団体に経営を委ねる形をとっていました。また少数ではありましたが王領植民地も存在していました。南部のバージニア州に建設されたジョージタウンは、ニューイングランドにピューリタンが植民するよりも以前に建設され、宗教としてはイングランド教会が公定教会(established church)とされ、土地や税の徴収などで特権を享受しました。

中部のニューヨークは、もともとオランダ領でしたが、4次にわたる英蘭戦争の結果、オランダはこの地をイギリスに割譲しました。ニューヨークをはじめとする中部植民地は、各教派の一種の自由競争の中に置かれていたものの、イングランド教会の力も比較的強く、特にニューヨークではイングランド教会が公定教会と定められ、富裕な有力層が教会を支えました。

2 アメリカ独立戦争

このように植民地は各地域によって性格が異なりましたが、本国政府に対しては一致して抵抗する姿勢を示しました。1765年、イギリス本国による「印紙法」の課税に対しては、「代表なくして課税なし」[102]という主張の下に一致して闘い、印紙税法を撤廃に追い込みました。その後も様々な増税に抵抗する運動の中で、次第に新たな「アメリカ人」というアイデンティティが生まれ始めます。1773年には反対運動のメンバーが東インド会社の商品を積んだ商船を襲い、茶箱を海に投じる事件（ボストン茶会事件）が発生、植民地と本国の関係はさらに緊張に向かいます。

高まる危機の中で、北米植民地が団結して闘うためにフィラデルフィアで「第一次大陸会議(Continental Congress)」が開かれます。本国との和解の可能性も探られましたが、1775年4月にはマサチューセット湾植民地でイギリス軍と植民地の民兵の間に戦闘が始まりました。これをレキシントン・コンコードの戦いと言い、アメリカ革命とも呼ばれる独立戦争の始まりとされます。同年5月にはフィラデルフィアで各植民地代表が集まり、第二次大陸会議が開かれました。この会議は事実上の中央政府の役割を果たすことになります。大陸会議はジョージ・ワシントン[103]をアメリカ軍の総司令官に任命しました。各植民地から兵力を出し、正規軍を編成したのです[104]。

厳しい戦局の中、独立宣言が起草され、1776年7月4日に採択されます。この独立宣言は、のちに第三代大統領となるトマス・ジェファーソンが中心になって起草したもので、ジョン・ロックの思想に影響を受けた基本的人権、革命権、国民主権、すべての国民の平等など、後の民主主義思想の発展に大きな影響を与えました。特にフランス革命に与えた影響は極めて大きなものです。またこの宣言において、「合衆国（United States）」という言葉が初めて用いられましたが、この段階においてはそれぞれの植民地は独立性が強く、「州」というよりは「邦」とでも訳した方がよいと考えられます。

この後、独立戦争は幾多の戦闘を経て、独立軍の勝利へと向かいます。独立軍の兵力は1万人程度でしたが、士気の高さや、ワシントン、ゲイツらの巧みな作戦指揮もあって、本国軍を追い詰めます。また、イギリスに対抗するフランスやオランダがアメリカ独立軍を支援したこともあって、戦局は次第に独立軍に優位に展開します。1781年3月にはクェーカー教徒[105]のナサニエル・グリーン[106]が指揮する南部の独立軍が本国軍をバージニアのヨークタウンに追い込み、救援に向かったイギリスの艦隊はフランス艦隊に阻まれ、本国軍は降伏します。１７８１年10月のことでした。

１７８３年、パリ条約が調印され、イギリスはアメリカの独立を承認します。北部植民地であった諸州はもちろんのこと、イングランド教会が公定教会とされていた南部植民地でも公定教会は廃止され、国家の干渉支配を受けない自由教会として、様々な教会が「教派(denominations)」として「自由競争」を展開する時代となります。イングランド教会は財政的な保護も失いました。割り当てられていた「教会属地（Glebe）」は没収され、信徒の多くは会衆派や長老派、バプテスト教会に転会してしまいました。

イングランド教会は、アメリカではイングランド国王の教会として敵視され、イングランドでは反乱者の教会としてこれまた敵視されていました。そこでアメリカのイングランド教会は教会としての独立を果たすため、独自で主教を選出します。最初に選ばれた主教は、コネチカットのサミュエル・シーベリー（図21）でした。主教としての聖別を求めてシーベリーがロンドンに渡ったとき、イングランド教会の主教たちはイングランド国王に忠誠を誓わない人物を主教に聖別することはできないとしてこれを拒否しました。失望したシーベリーはスコットランドに行き、そこでスコットランド聖公会に参加していた３人のノンジューラーの主教によって按《あん》手《しゅ》されたのです。１７８５年、コネチカットより南の９州のうち７州の代表がフィラデルフィアで、アメリカ聖公会の第一回総会を開き、法憲を採択、アメリカ聖公会の祈禱書草案を作成し、アメリカの主教の按手をイングランドで行う方策を立てました。翌年、第二回総会がフィラデルフィアとウィルミントンで開かれ、ペンシルベニアのウィリアム・ホワイトとニューヨークのサミュエル・プロヴーストが同年中にイングランドに行き、主教聖別を受けることを決定しました。その間にイングランド議会は、イングランド教会の主教が国王に対する忠誠の誓いなしにアメリカの主教を聖別できるという法令を採択していたのです。

アメリカ聖公会の名称も問題でした。イングランド教会という名称は全くそぐわず、スコットランド聖公会(The Scottish Episcopal Church)の名を引き継いだEpiscopalという名称は、「監督＝主教」を示すギリシア語Episcopoに由来しており、その限りでは主教制の教会を示すのに適切でしたが、宗教改革を経た後は、いささか中世的な響きを否めませんでした。そこで生まれたのがProtestant Episcopal Church(プロテスタント監督教会)という呼称でした。今、世界の聖公会(アングリカン・コミュニオン。イングランド教会をルーツとする全世界の教会から成る共同体)で、アングリカン・チャーチ(文字通りの意味はイギリスの教会)という名称の国民教会(管区と呼ばれています)と並んでエピスコパル・チャーチという名称の国民教会が存在しているのは、このアメリカ聖公会の宣教活動によって生まれた教会が世界各地に存在しているからです(図22)。

図 21　サミュエル・シーベリー

図 22　ワシントンのナショナル・カテドラル（アメリカ聖公会）（筆者撮影）

北部諸州に優勢なピューリタン（会衆派と長老派）が、独立後、アメリカ全土で宣教活動を活発にしたのはいうまでもありません。時代を遡ると、現在では全米最大の教派と言われるバプテスト教会が１６３９年にアメリカ植民地に伝えられました。バプテスト派は１６０９年に元イングランド教会の司祭であったＪ・スマイスによってオランダで始められ、１６１２年にイングランドに戻ったＴ・ヘルウィスらが「教会と国家の完全な分離」を宣言してバプテスト教会を設立しました。教理の上ではカルヴィニズムの「二重予定説」に反対し、万人に救いの可能性を認めるアルミニウス主義に近接するため、ジェネラル・バプテストと呼ばれます。これに対してカルヴィニスト的予定説を採用するバプテスト派はパティキュラー・バプテストと呼ばれ、全米最大の教派となります。

さらに、イングランド教会から分岐したメソジストも、よりアルミニウス主義の影響の強いウェスレアン・メソジストと、カルヴァン派の影響を受けたカルヴィニスト・メソジストに分岐しつつ、大きな勢力となります。また、クウェーカーや再洗礼派に由来するメノナイト派、ユニテリアンなど、多くの教派が乱立し、信仰の自由の下で激しい「自由競争」状態が生まれるのです。

「教派 denomination」という用語について、ドイツやイギリスにおけるキリスト教の宗教社会学的研究に携わっている野田宣雄は、イギリスの研究者ギルバートの言葉を用いて次のように説明しています。「マックス・ウェーバーやエルンスト・トレルチュは宗教組織をチャーチとセクトの二つのタイプに分けた（中略）チャーチ・タイプが全社会を包摂する独占的な位置を主張し、また、セクト・タイプが広い社会を拒否して自分たちだけの排他的なコミュニティを形づくるのにたいし、デノミネーション・タイプの宗教組織は、みずからを複数のそれぞれ正当性をもった宗教組織の中の一つの選択肢として位置付ける。言い換えれば、社会における複数の宗教組織の多元的共存をみとめたうえで、その中の一つとして自己の正当性を主張するのがデノミネーション・タイプの宗教組織である」〈107〉。

これらの複数の教派はイギリスでも19世紀に始まりますが、アメリカにおいては独立によって信仰の自由が確立されたために、制約されることなく開花するのです。さらにこれらの教派は、教理の点だけでなく、階層や人種によっても多様なものとして広がり、現代アメリカのプロテスタント諸潮流を生み出していきます。菊地栄三は「教会は実に多くの教派に分かれ、しかも分裂と統合を繰り返し、その中にはアメリカ特有のセクトも生まれ、19世紀末頃には教派の数は約１５０に達した」と述べています。〈108〉

大覚醒運動

アメリカ独立革命に前後する時代、キリスト教思想の中には、自由主義、合理主義、理神論など、キリスト教の福音の独自性を損ないかねない宗教思想の影響が強く存在し、ピューリタン諸教派でさえも信仰的情熱は低調であったと言えます。その傾向を打ち破り、アメリカ的教派を特徴付ける一大運動が始まります。いわゆる「大覚醒運動 Great Awakening」です。イングランドから福音主義の火を点けに来たのは、ジョージ・ホワイトフィールド(ホィットフィールド）でした。１７４０年秋にニューイングランドに上陸した彼は、中部植民地に巡回説教に乗り出し、２ヵ月間（その大半は、ニューヨークおよびフィラデルフィアで）を過ごしました。そしてさらに南部に向かい、メリーランドとバージニアを通って、１７４０年12月にはサヴァンナのベトサダ孤児院に到着して支援活動を行い、サウスカロライナとジョージアの沿岸地域で説教を行い、1741年1月にはニューイングランドに帰着しました。その間に、彼は時には1万5000人に及ぶ大群衆をその説教に惹きつけたのです。こうして、個人の魂の回心を救済の中心に置く福音主義は、以前からイングランドのピューリタンを源流としてアメリカに存在していましたが、「大覚醒運動」によって、新たな勢いを獲得しました。やがて、メソジスト運動の創始者ジョン・ウェスレーもアメリカの植民地におけるメソジスト運動の拡大に積極的に関わるようになり、信徒の説教者をアメリカに送り出し始めました。

第二次大覚醒運動は、1790年代に現れ始め、1800年頃には最高潮となりました。この運動の指導者の一人はT・ドワイト（1752〜1817）で、会衆派の牧師、イェール大学学長でした。彼は学生の不信仰を打破して大きく感化しました。この運動はやがて、中部から南部、辺境のフロンティアにも広がり、会衆派だけでなくバプテスト、メソジスト、長老派、聖公会の中にも影響を広げました。このような信仰復興運動は、それ以降もC・G・フィニーやD・L・ムーディらによって次々と起こされ、アメリカのプロテスタントを特徴付ける一つの潮流となっていくのです。[109]

3 アメリカ合衆国の領土拡大と教派の乱立

19世紀初頭から、アメリカ合衆国の領土拡大が始まります。まず1803年には、フランスからのルイジアナ領土の購入・割譲を定めた条約が批准され、合衆国の領土は一挙に倍増することになります。ここからアメリカは西方に領土を拡張するという「明白な運命（マニフェスト・デスティニー）」という歴史認識が生まれます。その言葉の通り、メキシコ領テキサスがメキシコからの独立を果たすと、1845年、テキサスを合衆国に併合しました。さらに、ロッキー山脈のかなたのオレゴンにも移住熱が高まり、1846年にはオレゴンが領土になりました。その南方に広がるメキシコ領カリフォルニアは、1846～48年の対メキシコ戦争の結果、アメリカ合衆国に併合されました。

こうして、1840年代に入ると、アメリカ合衆国は大西洋岸から太平洋岸に至る領土を持つ大陸国家へと成長しました。やがて鉄道網を含む交通網の整備と相まって、南北諸州との経済的結びつきが生まれて行くのです。

このような領土拡張の結果、アメリカの社会には北部と南部の対立に加えて、西部と東部の対立が入り組んで、複雑な地域的対立が生まれることになりました。リチャード・ニーバーは、『アメリカ型キリスト教の社会的起源』の中で、「合衆国で栄えている200種にも及ぶキリスト教の内の多くが合衆国産のものであり、また、ヨーロッパで発生した他の多くも、新しい環境に本来備わっている社会的諸力作用を受けたために、現在の独立した個性を持つことになったのである」〈110〉と述べ、その社会的諸力として、①階級の対立、②人種的対立、③移民がもたらす異質性、④地域的対立、を挙げています。

さらに、アメリカ合衆国においては、国教会やそれに類する公定教会が存在せず、信仰の自由が完全に担保されているという状況の下で、いかなる教派も自由に形成され、活動することができました。特に、急速に拡大した西部の新天地においては、人口や文化、宗教について極めて希薄な（一種の真空）状態が生まれたと言うことができるでしょう。そのため、自由に様々な教会、教派を作り出すことができたのです。ニーバーは、次のように書いています。「東西という語は（中略）地理上の区分であるよりむしろ複雑な社会構造・社会運動の違いを示すものである」「西部は、独自の経済生活・経済理論の型を産出し、独自の政治的慣例と政策を産み、独自の典型的な宗教体験・宗教表現をあみ出した。その結果西部特有の教派が形成された」〈111〉。

これらの諸条件に加わって、自由・独立を求める建国当時のピューリタンの伝統が生きています。その結果、19世紀までには、菊地榮三が述べているように、アメリカ合衆国には数百ものアメリカ独自の教派が生み出されたのです。ヨーロッパからアメリカに渡った諸教派も、独自の変容を遂げて成長と分裂を経験します。

ここで、アメリカ先住民と、彼らが辿った軌跡について振り返っておきましょう（コラム）。なぜなら、西部へのアメリカ合衆国の拡張は、無主の土地を取得するというようなものではなく、先住民である「ネイティブ・アメリカン」を殺戮・征服した上に成立した事業だったからです。

コラム

ネイティブ・アメリカン

南北アメリカ大陸を「発見」したのは、決してコロンブスではありません。北米大陸について言えば、10世紀には「ノース人」と呼ばれるヴァイキングがすでにグリーンランドをはじめとして植民を始めており、さらにそれより以前に先住民が各地に暮らしていました。コロンブスらはカリブ海や北米をインド大陸と誤認していたために、先住民と出会った彼らを「インディアン」と呼ぶことになったのです。北米に植民した白人は当初は先住民と友好的に暮らしていた例もありますが、やがて先住民を圧迫し、土地を取り上げ、殺戮を繰り返しました。これに対する先住民の抵抗も激しく、ラコタ族のクレイジー・ホースやアパッチ族のジェロニモらの抵抗は、白人の側にも大きな犠牲をもたらしました。

現在では、彼等のほとんどは政府が準備した「居留地（Reservation）」に住み、補助金によって生活を支えられています。しかし、民族的アイデンティティと誇りを奪われた彼等の中には、アルコール依存症やギャンブル依存性に陥る人も多く、社会問題化しています。彼等自身の民族的誇りや歴史、文化を取り戻そうとする運動も数多く起こっています。1960～70年代のこうした運動は「レッド・パワー」と呼ばれます。なお、現在では北米先住民の呼称は「ネイティブ・アメリカン」とすることが多いようです。

内戦（南北戦争）の勃発

独立戦争にあたっては一致して戦った諸州でしたが、その後、戦争や買収を通じて領土を広げ、新たな州が設立され、大国への道を歩み始めるようになると、北部諸州と南部との間の対立と軋轢が広がっていきます。北部は産業革命を通じて工業化を成し遂げ、産業資本家が大きな力を持ち始め、中央集権的なフェデラリズム（連邦主義）、ナショナリズムが支配的になっていったのに対して、南部ではプランテーション所有者による農業生産が主力を占め、反フェデラリズムが強く、主権を持つ諸邦の連合を主張するようになりました。

南北戦争前のいわゆる旧南部は、奴隷制の敷かれた15の州から成っており、主要商品は綿花でしたが、その他砂糖、米、タバコなども栽培されていました。北部にいわゆるデモクラシーの社会が出現したのに対して、南部には奴隷主寡頭支配（スレイブ・オリガーキー）と呼びうるようなピラミッド型の社会が形成されました。その頂点に立つのは黒人奴隷の大所有者たちでした。『アメリカ史・上』の中で清水忠重は次のように指摘しています。「1850年を例にとって言えば、南部の白人住民は618万人であったが、このうち奴隷の所有者（戸主）はわずか35万人、すなわち白人全体の5・6％を占めるにすぎなかった。しかもこの35万人の過半数は、5人未満の奴隷しか持っていない零細奴隷主であり、奴隷20人以上を所有するいわゆるプランターと呼びうる者は3万8000人にすぎなかった」〈112〉。南部白人の過半数は奴隷を所有していない白人たち、つまり自営農民と「貧乏白人（プアーホワイト）」でした。低南部では肥沃で交通の便のよい平野部はプランターによって占有されていたので、自営農民はアパラチア山脈の山麓地帯に追いやられていました。また、貧乏白人は没落者と見なされ、不毛な砂丘や痩せ地で細々と暮らすのが実情でした。〈113〉

また、南北戦争直前の北部には、ヨーロッパから大量の移民が流入し、北部製造業の発展を促しました。多くはアイルランド系とドイツ系であり、ボストンやニューヨークなどの大都市に定住して、北部の工場に労働力を提供しました。イタリアからも多数の移民が流入しました。これらの移民の多くは20歳代、30歳代の青年であったので、アメリカ国民の平均年齢は大幅に低下し、1850年のアメリカ国民のうち30歳以下の年齢層は70パーセント余りを占めました。〈114〉年齢層の変化と合わせて、アイルランドとイタリアからの移民は、ローマ・カトリック信徒が多数を占め、その後のアメリカの宗教分布に大きな変化をもたらしました。

こうして、東部・北部の諸州と南部とは性格の全く異なる社会を形成していました。そのため、南部諸州は北部とは別の道を歩むことを選択し、1860年のリンカーン大統領当選を契機として、連邦（アメリカ合衆国）からの離脱を宣言する州が相次いだのです。それらの州は1861年2月、「アメリカ連合国（Confederate States of America）」を結成し、州の権利と奴隷制の正当性を謳った憲法が採択されました。大統領にはジェファーソン・デイヴィス、首都はバージニアのリッチモンドと定められました。〈115〉

1861年3月4日の大統領就任演説において、リンカーンはいかなる州も勝手に連邦を離脱することはできないとして連邦維持の固い意志を示しました。その翌月（1861年4月）南部連合はサウスカロライナのサムター砦に対する砲撃を開始し、リンカーンは「反乱」の存在を公式に宣言し、いわゆる南北戦争が勃発しました。この戦争は4年間続き、両軍併せて死者62万人を超える悲惨な内戦となりました〈116〉。

南北戦争は当初、諸州の連邦離脱の権利の是非をめぐって戦われましたが、次第にその焦点は奴隷制度の是非へと移ってきました。リンカーン自身は当初から奴隷制度は非道徳的であるとして反対していましたが、南部諸州の奴隷制度に介入することは控え、また黒人奴隷と白人の平等の権利には同意していませんでした。「当時、北部においてこの戦争と奴隷の解放を結び付けて考えていた例外的な人々は、奴隷制の即時無条件廃止を唱える白人・黒人のアボリショニスト(奴隷制廃止論者)、共和党急進派などにすぎなかった〈117〉」。しかし、戦争が進むにつれ、奴隷制廃止の世論が高まり、奴隷解放が重要な戦争目的に加わりました。そして戦争における北部の勝利が確実視される1865年12月、合衆国憲法修正第13条が確定され、すべての奴隷が解放されたのです。同時にこの宣言によって黒人たちを連邦の軍隊に迎え入れることが明記されました。黒人たちは競って連邦軍の下にはせ参じ、最終的には18万6000人が陸軍に、3万人が海軍に、25万人が軍役労務に就き、北軍の勝利に貢献しました〈118〉。

内戦における北部の勝利と戦後の再建

1865年4月9日、バージニア州アポマトックスにおいて、南軍は連邦軍に降伏し、戦争は終わりを告げました。近代的な総力戦の様相を呈した南北戦争は、双方合わせて莫大な数の戦死者を生み出し、さらに戦場となった地域の荒廃をもたらしました。しかしこのことによって、アメリカは国家としての一体性を強め、領土の拡大、産業革命、交通革命、奴隷解放、移民の受け入れなどの要因が合わさって、大国への道を歩み始めました。

重要なのは、奴隷の労働力を前提とした奴隷国家から、大量の移民を受け入れて国民とする移民国家へと変貌し始めたということです。非人道的な奴隷制度は廃止され、リンカーンがゲティスバーグで行った演説は、世界最初の人権宣言として歴史に刻まれることになります。民主主義を制度としても思想としても定着させていくのは、南北戦争後のアメリカしかありませんでした。しかしそれでも、黒人が白人と平等の権利を有するには1960年代の公民権運動を待たなければなりませんでした。

キリスト教について言えば、大きな影響は、同じ教派でありながら、南北で分裂してしまったことが挙げられるでしょう。その中心にあったのは、奴隷制に対する考えの違いでした。

「1844年のメソジスト監督教会総会の最大議題は奴隷制の問題であり、北部と南部の対立はついに『南部メソジスト監督教会』の成立（1845年）となり、同じくバプテスト教会も分裂の結果『南部バプテスト連盟』の誕生（1845年）を見た。そして南北戦争の勃発とともに、他の諸教派も分裂を迫られ、戦争中は夫々がその属する地域を支持したのである」と菊地は記しています。〈119〉南北に分裂したこれらの教派は、メソジスト、バプテスト、長老派を除いて、戦後再合同の道を歩みました。

ここに至る前に、諸教派はすでに教理上の対立と分裂を経験しています。会衆派は「正統派」と「自由派」の対立が激化し、自由派は1825年「アメリカ・ユニテリアン教会」を結成して会衆派から独立しました。長老派内にも論争によって分裂が生じ、1810年には「カンバーランド長老派教会」が結成されました。さらに、「ディサイプル教会」も長老派から離脱・形成されました。

さらにこの時期に、プロテスタントからの逸脱と思われるセクトが現れています。その中には「セブンスデー・アドヴェンティスト（SDA）」「エホバの証人」「末日聖徒イエス・キリスト教会（モルモン教）」が含まれます。これらのセクトは、聖書の記述の一部を極端に拡大解釈したり、終末、つまりキリストの再臨を待望するあまり根拠のない終末預言をしたりするところに特徴があります。

福音派の成長

アメリカ独自の教派の発展としては、「福音派」と呼ばれる勢力について見ておくことが重要です。「福音派」とは「宗教右派」とも「キリスト教原理主義」とも呼ばれる人々で、アメリカ独自の風土から生まれたグループです。この人々は第二次世界大戦後のアメリカ社会を左右するほどの力を得ています。栗林輝夫は「宗教右派は１９８０年代、アメリカの新保守主義政治を背景に、当時隆盛を誇った福音派と原理主義キリスト教から誕生した一大潮流である」〈120〉と記しています。

彼らの源泉の一つは、「ファンダメンタリズム」と呼ばれる聖書へのアプローチです。「逐語霊感説」とも呼ばれるこの聖書の読み方は、「聖書の言葉はすべて聖霊の導きによって記されたもので、一言一句誤りがない」とするものです。ジェームズ・バーが著した『ファンダメンタリズム――その聖書解釈と教理』は、ファンダメンタルとされる人々の特徴を、①聖書の無謬性を熱心に主張する、②近代神学ならびに近代聖書批評学の方法と成果とその意義に対して強烈な反感を持つ、③自分たちの宗教的見解に同調しない人は真のキリスト者ではないという確信を持っている、としています。〈121〉

この「保守的福音派」のもう一つの神学的特徴は、この世界の終末、つまりイエス・キリストの再臨について強い関心と、ある種の具体的展望を持っているということです。中でもディスペンセーショナリズム（dispensationalism）と呼ばれる潮流[122]は、キリストの再臨は千年王国の前に起こり、それまでには七つのディスペンセーション（神的時代区分）があって、神と人間の間の関係の変化を表していると主張しています。それらは、無垢、良心、人間的支配、約束、律法、恵み（教会の時代）、そして王国（千年王国）とされています。キリストの再臨によってクリスチャンは空中に携挙《けいきょ》（引き上げられること）されますが、地上には大きな艱難《かんなん》が訪れ、艱難期の最後にハルマゲドンの戦いが起こり、そのときキリストは、サタンと地獄へ行くべき人間を滅ぼし、地上に神が直接統治する王国を建国し、千年が終わった後に新しい天と地（天国）が始まるとされています。千年王国説にはこの他にも多様な論がありますが、いずれも、自分たちの集団のみが救われると考える点で共通しています。

　福音派のもう一つの源泉は、二次にわたってアメリカを席巻した「信仰覚醒運動」です。これらの運動は世俗化し、信仰への情熱を失ったクリスチャンに改めて聖書への信仰を注ぎ込み、理性よりも信仰的情熱を掻き立てた運動です。その影響を被った人々の中には、聖書の無謬性を前面に押し出し、天地創造の記述をそのまま実際に起こった出来事と捉え、学校教育で進化論を教えることに反対する人々もいます。彼らは「クリエイショニスト（Creationist）」と呼ばれ、根強い力を持っており、彼らの創造観に基づく「創造博物館[123]」さえ立ち上げています。中には、公教育に不満を持ち、自宅での教育を行っている家庭もあります。

福音派と呼ばれる人々は、前に述べた以外にも様々なグループがあります。何千何万人もの会員を擁する「メガチャーチ」と呼ばれる教会もあります。これらの教会の多くは既成の教団に属さず、単立の教会であることが多いと言われます。テレビなどのマス・メディアを用いて直接人々に語りかける「テレビ伝道師」が多いのも特徴です。

彼らが「キリスト教右派」とか「宗教右派」とか呼ばれるのは、独特の保守的世界観に基づいて、家族的価値、妊娠中絶、ＬＧＢＴＱなどのジェンダー問題、黒人の地位、ムスリムへの姿勢などの社会的諸問題に関して明白な右派的立場を取り、主として共和党右派の政治家と結びついて力を伸ばしているからです。２００１年9月11日に起こったイスラム過激派による同時多発テロに際しては、報復措置を強く主張し、ブッシュ政権の戦争政策を断固支持しました。元大統領トランプ氏との結びつきにも強いものがあります。

以上見てきたように、アメリカにはヨーロッパのキリスト教のあらゆる潮流が流れ込み、伝統的教派だけでなくアメリカで独自の変化発展を遂げた教派・教会、さらにアメリカの土壌において新たに生まれた教派・教会がすべて揃っています。世界の教会を知るには、アメリカの教会を知るのが最善の方法であると言えるでしょう。そこで、左にアメリカの代表的キリスト教会（すべてではありませんが）の大まかな分類を挙げてみました。〈124〉

アメリカの代表的キリスト教会

伝統的教派（主流派教会）
聖公会（エピスコパル）、長老派（南北に分裂）、会衆派、ルター派、ドイツ改革派（カルヴァン派）、救世軍

ヨーロッパに源流を持つがアメリカで独自の発展を遂げた教派（主流派に含められる）
バプテスト（南北に分裂）、メソジスト（南北に分裂）

アメリカで生まれた教派
メノナイト、アセンブリー・オブ・ゴッド、チャーチ・オブ・クライスト、チャーチ・オブ・ゴッド、クェーカー、ディサイプルズ、チャーチ・オブ・ナザレ

ローマ・カトリック

東方教会
ロシア正教会、ギリシア正教会、東方正教会、東方諸教会

キリスト教系新宗教
セブンスデー・アドヴェンティスト（SDA）、エホバの証人、モルモン（末日聖徒イエス・キリスト教会）、クリスチャン・サイエンス、ユニタリアン、ユニヴァーサリスト

教派横断的に広まっているグループ
ペンテコステ・カリスマ運動（聖霊派）

第9章

宗教改革後のヨーロッパ

1 宗教改革後のフランス

宗教改革はドイツ、スイス、イングランドにおいては概ね前進を勝ち取りましたが、フランスにおいては自治を目指すカルヴァン派（「ユグノー」[125]と呼ばれます）とカトリック王権との闘いが長く続きました。ユグノーは王族や高級貴族の中にも信徒を獲得していましたが、カトリック勢力との対立は激しさを増し、1562年3月にシャンパーヌ地方で日曜礼拝中の改革派信徒をカトリック貴族の軍隊が襲撃し、これに対抗してユグノー側も武器を取って立ち上がり、それからのち1598年まで8次にわたる「ユグノー戦争」が続くことになります。その過程で1572年8月、サン・バルテルミの大虐殺[126]という凄惨な出来事が起こるのです。これに対してユグノーの勢力も戦闘能力を高め、第4次ユグノー戦争が始まります。この後も、カトリック勢力とユグノー勢力の間の戦闘と抗争は一進一退を繰り返しましたが、1598年4月、ユグノーの信仰の自由を認める「ナントの王令」が出され、36年に及んだ戦争は一応の終止符が打たれます。この王令は信仰の自由を認める寛容令として画期的なものでしたが、礼拝の自由には制限があり、例えば、パリとその周辺の約20キロメートル以内ではユグノーの礼拝は許されませんでした[127]。

しばらくの間は両者の共存関係は続きましたが、プロテスタントに好意的なアンリ四世が死去するとこの寛容は消滅し、1685年のフォンテヌブロー王令によってナントの王令は破棄され、カトリックが国教とされました。フランス絶対王政は、その後カトリック教会を自らのもとに置き、フランスの教会を教皇から独立させるいわゆる「ガリカニズム」という体制を取ろうとしました。これに対して教皇庁は激しく抵抗し、15年の間、国王が任命した司教を聖別せず、多くの司教座が空位のままとなりました。

「太陽王」と呼ばれたルイ一四世の時代、フランスは政治的のみならず、文化的・思想的・芸術的にも啓蒙主義の中心となりました。啓蒙主義とは、中世社会の「暗黒」に光を投げかける運動という意味で、科学や思想、芸術の面で多くの啓蒙主義者が活躍していました。『百科全書』を編集したダランベールやヴォルテール、イングランドのジョン・ロックなどは哲学・思想の分野で活動しました。ルイ一四世の時代のフランスは、文化・思想・芸術において理性の光をヨーロッパに放つ中心となり、ラテン語に代わってフランス語が文明世界の共通語となっていました。

キリスト教の世界でも大きな変化が起こりつつありました。百科全書派の哲学者は宗教から解放された真理の存在を主張し、理性による永遠の英知を唱えました。いわゆる理神論[128]です。キリスト教は迷信を信じる宗教として識者からは攻撃されました。これに対してキリスト教の側は、王権神授説の柱となるカトリック教義を守るためにますます反動化していきます。

フランス革命とナポレオン

ルイ一四世没後、フランス絶対王制は陰りを見せ始め、官僚制度が強力となる一方で、国王は政治に興味を示さず華麗な宮廷の社交生活に浸りきるようになりました。そのような中で、フランスは1780年代には国家財政が破綻し、ルイ一六世は三身分（聖職、貴族、平民）の代表による「全国三部会」を招集し、事態を改善しようとしましたが、第三身分（平民）階級は自分たちこそがフランス国民の代表であると主張し、自らを国民議会と称しました。そうした中で国王と議会との対立が激しくなり、ついに1789年7月14日、パリの群衆がバスチーユ監獄を襲撃し、間もなく動乱は全国に波及し、貴族の館が群衆によって襲撃されました。議会では十分の一教会税が廃止され、憲法前文として「人間および市民の権利」が採択され、自由と平等、国民主権、言論の自由、私有財産の不可侵などの原則が明文化されました。これが、その後の世界において普遍的な価値を持つ「人権宣言」でした[129]。また、1789年に議会は教会財産の没収・国有化を行い、国家が教会財政を負担することを決定しました。これによって聖職者は国家公務員となり、すべてが有権者によって選ばれることになりました。

1793年には革命政府はルイ一六世を処刑し、いわゆる恐怖政治が始まります。革命勢力の中心、ジャコバン派のロベスピエールは政敵を次々と逮捕処刑し、公安委員会による中央集権的恐怖政治を推し進めるのです。この間にギロティンや銃殺によって処刑された者の数はパリだけで約1400人、フランス全体では約4万人に上ると言われています。

フランス革命は、当然ながら文化の分野にも大きな影響を与えます。まず、距離や質量の単位を、実測に基づいてメートル法で表すようにしました。1メートルは地球の円周のおよそ4万分の1であり、1立方デシメートルの水の質量は1キログラムと定められました。他にも面積の単位としてアール（100平方メートル）などが定められ、国際的な度量衡表記法として定まっていきます。また革命暦を導入し、それまでのグレゴリオ暦に基づく各月の呼称を改め、「葡萄月」「霧月」「霜月」「雪月」「雨月」「風月」「芽月」「花月」「草月」「収穫月」「熱月」「果実月」という新しい呼称が作られました。[130] この革命暦には、これまでとは全く違う新しい社会を建設するという意気込みが表れていたということができるでしょう。

1793年秋には「非キリスト教化運動」が大々的に展開されました。教会を閉鎖ないしは転用し、カトリックの儀式を禁止しようというこの運動は地方で発生し、パリに波及したものです。ロベスピエールは、人間の宗教心は簡単に消えるものではないと判断して、国会で「信仰の自由」の原則を再確認することになります。ロベスピエールは後に、カトリックの神に代えて「理性の神」「至高存在」を提唱します〈131〉。

しかし、あまりにも急激すぎる革命から民衆の心は離れていきます。恐怖政治に対する反感も募っていきます。1794年7月、反ロベスピエール派による「テルミドール（熱月）のクーデター」が起こり、ロベスピエールらは失脚し、逮捕、死刑に処せられます。これによって、フランス革命は終局を迎えたとされます。この時期、フランス軍の将校であったナポレオン・ボナパルトはフランス革命に対するオーストリア軍の干渉を撃退し、国民的英雄として民衆に歓迎されました。

ナポレオンは、フランスを二分する勢力の間のバランスをうまくつかみ、その上に立つ政策をとります。1799年、彼は有産階級勢力と手を結び、「ブリュメール（霧月）18日のクーデター」を起こして統領政府を樹立し、自ら第一統領に就任します。1801年には教皇ピウス七世との間に「政教協約（コンコルダート）」を結び、この協約が1905年まで、教皇庁とフランスとの関係を規定するものとなりました。これによれば、カトリックは国家の宗教ではなく、フランス国民の多数の宗教であり、司教は政府が指名し、教皇によって教会法上任命されるとなっています〈132〉。また、公共教育法を制定し、国民への教育普及に力を注ぎました。法整備も進められ、１８０４年には「フランス民法典」（後にナポレオン法典と改称）が発布されます。
ナポレオンはその後、イギリス、オーストリアなどによる対仏大同盟を打破し、１８０４年５月に皇帝の位に就き、教皇からの戴冠ではなく、自ら冠をかむり、教会を支配する意志を示しました。また、１８０６年には自らキリスト教の「要理書」を制定し、その中で皇帝に対する忠誠を誓わせました。このような経過の中で、フランス教会が敵対的なフランス政府を信用せず、ローマ教皇庁に傾倒するようになったのは当然と言えるでしょう。フランスの教会の独自性を主張したガリカニズムに対抗したこの動きは、「ウルトラモンタニズム（アルプスを越えて）」と呼ばれます[133]。

権力の頂点を極めたナポレオンも、度重なる対仏大同盟軍との戦争、イタリアやスペインへの干渉戦争での敗北、ロシア遠征の失敗など苦汁をなめ、ついに１８１４年、プロイセン、オーストリア、スウェーデン、イギリス連合軍に敗北し、エルバ島に流刑されますが、１８１５年エルバ島を脱出。復位を遂げるものの、イギリス・プロイセン連合軍に敗れ、セントヘレナ島に幽閉されて一生を終えることになるのです。この後、フランスではブルボン王朝が復活し、「アンシャン・レジーム（旧体制）」の再現が進みます。ただ、一度このような大激動を経験したフランス社会は安定を欠き、二月革命、ルイ・ナポレオンによるクーデターなど、革命と反動とを繰り返さざるを得なかったと言えるでしょう。

世界のキリスト教史に与えたフランス革命の影響は簡単に評価しつくすことはできませんが、宗教改革を武力弾圧で押しつぶしたフランスの中世的カトリック教会を、宗教改革を超える全面的攻撃で解体した社会革命であったことは言うまでもありません。その中から、自由や平等、人権など、現代社会の普遍的規範となっている価値観が芽吹いたことも否定できない事実です。ただ、イングランドのピューリタン革命と同様、民衆の成熟度を超えた急激な改革は、やがて挫折する運命にあったと言わざるを得ません。

2 宗教改革後のドイツと北ヨーロッパ

ナポレオン没落後の中部ヨーロッパには、35の君主国と四つの自由都市から成るドイツ連邦が成立しました。最大のプロテスタント国であるプロイセンでは、国王の主導の下でルター派と改革派（カルヴァン派）の合同が成立し、教会合同はバーデン、ヘッセン、ナッサウ、プファルツなどの領邦でも推進されました。[134]

ドイツ以外の北ヨーロッパでは、スウェーデンでは17世紀に、ノルウェーでは16世紀末にルター派が国教会となり、デンマークでもルター派が優勢となりました。フィンランドでも16世紀末にルター派が国教化されました。オランダでは、１８１６年、オランダ王国成立の翌年に「オランダ改革派教会」が組織し直され、最も有力な教会となりました。

ドイツ内の領邦教会相互の連携や統一を目指す動きもこの頃に現れました。19世紀に入ると１８５２年に「アイゼナハ協議会」が始まり、１９２２年には「ドイツ福音主義教会連盟」（ＥＫＤＢ）が成立しました。その後、教会改革を経てドイツのプロテスタント教会は「ドイツ福音主義教会」（ＥＫＤ）となりました。[135]注意したいのは、ドイツの教会において「福音主義」というのは、「改革派」あるいは「プロテスタント」という意味で、ルター派およびカルヴァン派などの改革派を総称する用語であって、現在、「福音派」と呼ばれるファンダメンタリズムとは区別されるということです。

19世紀のドイツ神学界では「自由主義神学」という考え方が大きな潮流として存在しました。この考えは、奇跡や超越性をいったん棚上げし、神と人間の倫理的関係に基づくキリスト教の道徳的理解を主張するものでした。シュライエルマッハー、ハルナックといった神学者が有名です。この理解によれば、歴史は次第に完成へと漸進し、やがて全世界はキリスト教の道徳性に覆われ、平和と幸福が訪れると考えられました。しかし、その陰ではキリスト教の福音の形骸化が進み、それぞれの国の世俗的権威と思想に呑み込まれてしまうという事態が進行していました。

ドイツ教会闘争

第一次世界大戦が起こった直後の1914年8月1日、93人のドイツの知識人は、全世界に対して皇帝ウィルヘルム二世の戦争政策を支持する宣言を発表しました。この知識人の中にはハルナックらの自由主義神学者も含まれていました。これは、それぞれの大国のキリスト者が、大国のナショナリズムに呑み込まれ、互いに武器を取って戦い合うことを意味していました。

このような自由主義神学を批判し、イエス・キリストの福音の力を取り戻そうとして、カール・バルト(図23)をはじめとする若手神学者たちが始めた神学運動が「危機神学」あるいは「弁証法神学」と呼ばれる運動です。危機神学の提唱者たちは、自由主義神学における歴史と人間の楽観主義的理解、福音の世俗化、「文化的キリスト教」への福音の解消、教会と国家の同一化を批判し、神の啓示を基本とする神学を構築しようとしました。代表的な神学者は、バルトの他に、E・トゥルナイゼン、R・ブルトマン、E・ブルンナーなどがいました。類似の神学

@Archiv der Evangelischen Kirche im Rheinland
Hans Lachmann

図23　カール・バルト

を唱えたＰ・ティリッヒを加えることもできるでしょう。

ドイツ福音主義教会は、後に１９３３年にナチス[136]が政権を握ると、「帝国監督」をいただく「帝国教会」として体制教会となりました。[137]この教会のあり方に、キリストの福音の立場から根本的な異議を申し立て、ナチスとの正面からの闘いを挑んだのがドイツ告白教会です。その中心に立ったのが「危機神学」の陣営、特にカール・バルトでした。この告白教会の闘争を「ドイツ教会闘争」と言います。一方、ナチス政権の側に立って都合のよい神学を作り上げたのが「ドイツ的キリスト者」というグループです。彼らはドイツ民族こそ新たに神に選ばれた民族（選民）であり、ナチスの「第三帝国」こそが、新しいイスラエルであると主張し、ナチスの拡張主義的・人種主義的戦争政策を支持したのです。これに対して、１９３３年にＭ・ニーメラーの指導による牧師緊急同盟が結成され、翌年、「バルメン宣言」が出されて、「告白教会」が生まれます。しかし、ドイツ福音主義教会は、全体としてナチスに加担し、社会主義者、共産主義者、告白教会に対する弾圧に協力していくことになります。

コラム

バルメン宣言

１９３４年５月にバルメンで開かれた「自由な告白教会会議」にはドイツ・プロテスタントの39名の代議員が参加し、「バルメン宣言」の名で知られる「ドイツ福音主義教会の現状に関する神学的宣言」を採択しました。このバルメン宣言は、主としてカール・バルト〈138〉の起草によるもので、「キリスト論的集中」を柱とするバルト神学の影響が強く表れたものですが、決してバルトだけのものではなく、多様な神学的立場が討論を通じて一つに結集したものなのです。

「バルメン宣言」は六つのテーゼから成っています。第一テーゼは、「聖書においてわれわれに証しされているイエス・キリストは、われわれが聞くべき、またわれわれが生と死において信頼し服従すべき神の唯一の言葉である」と述べ、宣言の神学的根拠を明確にしています。これは、人種を神の創造の秩序とし、教会の民族性を強調し、ナチスの要求をすべて神の声と解釈する「ドイツ的キリスト者」に対する徹底的な拒絶であると言えるでしょう。第五テーゼは、神に対する服従と世俗的権威に対する態度の関係を明確にし、まず神を畏れることを第一にしなければならないと明らかにしています。さらに国家が特別の委託を超えて全体的な秩序となることは誤っていると強調しています。このように「キリストの王権」を基本とするバルメン宣言は、その後のドイツ教会闘争の中で綱領的役割を果たすことになるのです。

ドイツ告白教会はその後、①非政治的非協力の時期、②国家が教会に直接介入してきたことに対する政治的服従拒否の時期、③第三帝国の軍備拡大を許し[139]、政治的闘争を拒否したために教会闘争が崩壊した時期、④教会闘争の評価をめぐる論争の時期、という過程を経て終局へ向かいます[140]。この闘争の中で特筆すべきなのは、D・ボンヘッファーの活動です。彼は神学者・牧師として、ナチスの支配を押しとどめる手段を考え抜き、反ナチ抵抗運動に従事したのです。そしてナチス・ドイツ敗戦の直前、ヒットラー暗殺計画に連座して銃殺されます。彼の神学的思索は現代の神学者にも影響を与えており、政治的危機に対してキリスト者がどのように行動すればよいのかという倫理的問題を提起しています。

コラム

キリスト教とナショナリズム

紀元4世紀にキリスト教がローマ帝国によって公認され、やがて国教とされたことによって、国家の統治機構と教会の統治システムが癒着し、東ローマ帝国（ビザンツ帝国）においては皇帝の意向に教会の教義すら左右されるという事態が生じました。

一方、西ローマ帝国滅亡後のヨーロッパでは、ローマ・カトリックの権威によって神聖ローマ帝国を中心とする「キリスト教世界 Christendom」が成立していきます。叙任権抗争に見られるように教権と帝権の対立抗争はありましたが、教会としてはローマ教皇を戴く単一の教会が存在するというカトリシズム、普遍主義が原則となりました。典礼言語も、単一のラテン語で統一されました。

東方の正教世界では、コンスタンティノポリス陥落後は、各民族、国家ごとに府主教座が設置され、典礼言語も教会スラブ語を基調としながらも、各言語に分化していきました。その結果、近現代においては、ロシア正教に見られるようにナショナリズムとの癒着が顕著に見られるようになりました。大ロシア主義を掲げるプーチンに寄り添うようにロシア正教の大主教が立っている光景は、ナショナリズムと癒着したキリスト教が容易に他国との戦争行為を支持することを示しています。

西ヨーロッパでもドイツ、フランス、イギリス、イタリアなどの国民国家が成立していくと、ローマ・カトリック教会もそれぞれのナショナリズムを反映するようになります。フランスのカトリック教会におけるガリカニズムがその一例です。また、宗教改革において成立したプロテスタント諸教会も、それぞれの成立地のナショナリズムの影響を受けることになります。イングランド教会はローマ・カトリックからの独立を達成するために、「イングランド古来の自由」というナショナリズムを大いに利用しました。イングランド教会をルーツとする世界の聖公会も、ローマ・カトリックのような普遍主義を採用せず、基本的に民族国家単位の管区制をとり、各管区の「地域主体性 subsidiarity」を大切にしています。ルター派諸教会も、ドイツや北欧のそれぞれのナショナリズムと親和的な体質を示しました。ドイツ教会闘争において根底的に問われたのは、キリスト教の福音がナショナリズムとどのような関係に立つのかという問題だったのです。イエス・キリストの福音の普遍性をないがしろにしてそれぞれの民族のナショナリズムを先行させるのは、民族間の戦争への道を開くことになります。しかし、各民族の多様なあり方を無視し、普遍主義的な教えを押しつけるのは、それぞれの地域・民族における人々の必要性や感性を無視することになり、信仰の根を断ってしまうことになるでしょう。

第10章

帝国主義時代のキリスト教

1

帝国主義列強による世界分割とキリスト教

大航海時代に始まったスペインとポルトガルによる世界分割は、19世紀に入るとイギリス、アメリカ、フランス、ドイツなどの列強が競って世界に覇を唱えるようになり、一層複雑な様相を呈することになりました。再分割をめぐる戦争も頻発します。これらの列強は教派・教会は異なるものの、いずれも（日本を除き）キリスト教を国教かそれに準じる宗教として掲げていました。イギリスはイングランド教会（国教会）、フランスはカトリック教会、アメリカはプロテスタント諸教会、ドイツはルター派・改革派教会、という具合です。そのため、これら列強の領土拡張や植民地拡大にはキリスト教の「海外宣教」が切っても切れない役割を果たしていました。それらの宣教活動の世界史的な評価は、現在では深刻な悔い改めを伴って、180度の転換を遂げつつあります。現代における「海外宣教」についての視点の変化は「宣教のパラダイム転換」という言葉で表すことができますが、これについては次章で述べたいと思います。

海洋帝国スペインに取って代わったのは、まずイギリスでした。[141] イギリスは産業革命による工業化の進展と富の蓄積を背景に、世界に覇を唱え始めます。最も重要な植民地となるインドでは、1600年に設立された東インド会社が貿易による巨額の利益を得、やがてイギリスの植民地支配機構としての役割を果たします。そして、1857年の「インド大反乱」の後、イギリスは東インド会社を廃止してインド省を設立し、インドを直接支配下に置きました。また、中国（清朝）に対しては1839〜42年のアヘン戦争により、香港島を事実上の植民地とし、さらに中国の5港を強制的に開港させたのです。このアヘン戦争は、インドにイギリス工業製品を売りつけ、中国へインド・アヘンを輸出し、中国からは中国茶を輸入するという関係の中で発生したものです。アヘンが中国の人々の健康を破壊する麻薬であることを知りつつ、イギリスの利益のために発動したこの戦争は、道徳上も許されないものでした。当時自由党の若手議員であったグラッドストン[142]は議会における反対演説の中で、「これほど正義に反し、この国を恒久的な不名誉の下に置き続けることになる戦争をわたくしは知らないし、これまで聞いたこともない」とアヘン戦争に大義がないことを指摘しました。

中国側にも、アヘン貿易を擁護する腐敗官僚と、アヘンを禁止しようとする林則徐らの指導者がいました。清朝の当時の皇帝道光帝は林則徐を欽差大臣[143]に任命し、アヘンの取り締まりに当たらせました。広州に到着するや林則徐は外国商人にアヘンの提出と今後アヘンの密貿易には携わらないという誓約書の提出を命じ、すべてのアヘンを破棄したのです。これに対してイギリスは誓約書の提出を禁じ、1939年9月、九龍港付近で清朝海軍とイギリスの軍艦との間で戦火が上がり、アヘン戦争が始まります。イギリスは大軍を派遣し、広州、厦門を攻略し、北上して翌年8月には天津に至ります。イギリス軍はアヘン貿易の合法化、没収されたアヘンの賠償、領土割譲などを要求しました。

イギリスの軍事力の前に清は屈服し、1842年8月、清朝とイギリスの間に南京条約が結ばれ、アヘン戦争は終結し、①香港の割譲、②五港の開港、③賠償金、④領事駐在などが定められました。こうして、清朝の衰退と列強の軍事力を目の当たりにした欧米列強は、アジアでの植民地侵略を開始しました。「自由貿易」を旗印に、列強は世界にその手を伸ばし、イギリスは新たにニュージーランド、黄金海岸（西アフリカ）、ラゴス、インド周辺のパンジャブ、シンド、ビルマなどを植民地化していきました。また、オーストラリアではヴィクトリア植民地が生まれ、全オーストラリアで自治政府が設立されました。また1867年にはカナダも自治領となり、カナダ連邦が成立しました。

このようなイギリスの世界支配には、必ずと言ってよいほど、キリスト教の宣教師の活動が伴っていました。植民地化された国や地域には、イングランド教会やイギリスにルーツを持つその他のキリスト教会が設立され、宣教の拠点となりました。その他の大国も同様に植民地支配とキリスト教宣教を結合する形で植民地化を進めました。アメリカ聖公会は中国の上海に拠点を持ち、宣教師ブーンやウィリアムスを派遣しました。そのウィリアムスが後に日本に移動し、日本聖公会の設立に大きな役割を果たします。また改革派のJ・H・バラとG・H・F・フルベッキ、長老派のJ・C・ヘボンなどの宣教師が教育や医療の分野で日本の近代化に大きな影響を与えました。フィリピンは、1898年の米西戦争の結果、統治権がスペインからアメリカに譲渡されました。フィリピンの独立のために闘った人々はフィリピン共和国を建てましたが、アメリカはこれを承認せず、米比戦争で60万人のフィリピン人がアメリカ軍により無残に虐殺され、抵抗運動は武力鎮圧されました。1901年に独立運動の指導者アギナルドが米軍に逮捕されて第一共和国は崩壊し、フィリピンは旧スペイン植民地のグアム、プエルトリコとともにアメリカの主権の下に置かれ、過酷な植民地支配を受けることとなりました。

海洋大国であったオランダは、1602年にオランダ東インド会社を設立し、インドネシアなどの植民地化を進めましたが、この活動にも宣教師が関わっています。インドネシアではイスラム教徒が80パーセント以上を占める多数派ですが、オランダの植民地支配の結果として約10パーセントがキリスト教徒となっています。

2 アフリカ大陸の分割と植民地化

アフリカ大陸への列強の進出は、当然にも植民地化を生み出しました。最初の糸口は奴隷貿易だと言えるでしょう。宮本正興と松田素二の編による『新書アフリカ史』は、アフリカ固有のダイナミックな歴史の姿を明らかにするとともに、奴隷貿易について次のように記しています。

「理性と啓蒙の18世紀は、人類史上最悪の奴隷売買の世紀だった。アフリカはヨーロッパにとって、新大陸や欧州に奴隷を供給する源であり続けた。セネガルからアンゴラまでの5000キロメートルに及ぶ海岸沿いに点々と置かれた積み出し港から、膨大な数の奴隷が送り出された。その数は18世紀だけで560万人を優に超えると推定されている」〈144〉。

黒人奴隷制度を正当化するために、黒人を徹底的に差別する理論が作り出されました。黒人は人間ではなく、野蛮な生き物で、白人に仕えるために神によって造られたという類の言説です。こうした差別理論を造り上げる上で、旧約聖書の記述が都合の良いように利用されました。

「カナンは呪われ、兄弟の僕の僕となるように」「セムの神、主はたたえられ／カナンはセムの僕となるように。神はヤフェトの土地を広げ／ヤフェトはセムの天幕に住み／カナンはその僕となるように」（創世記9：25―27）。これは、ノアの子孫のうちセムとヤフェトを祝福し、カナンという人種は他の2人の子孫の奴隷となるというノアの言葉を伝えたものです。この他にも旧約聖書の断片が人種差別を合理化するために使われました。

一方、このような奴隷制度と奴隷貿易を非人道的だとして撤廃しようとする闘いもなされました。イングランド教会の信徒で国会議員であったウィリアム・ウィルバーフォースは奴隷貿易廃止のために闘い続け、１８０７年に奴隷貿易禁止令を成立させました。ウィルバーフォースの友人で、イングランド教会の牧師であったジョン・ニュートン（図24）は、若い頃奴隷貿易船の船長を務め、晩年に嵐の中で回心し、牧師に転じました。そのニュートンが死ぬ間際に作詞したのが『アメージング・グレース』という讃美歌です。

図24 ジョン・ニュートン

また、アメリカの南北戦争を経て、１８６５

年12月、合衆国憲法修正第13条の批准によって、合衆国におけるすべての奴隷の解放が宣言されます。

こうした流れは、人道主義的立場からは、奴隷制度と奴隷貿易の廃止は重要な一歩と考えられますが、一方、資本主義の発達という見地からは、不自由な奴隷という労働力よりは、自由な産業労働者による労働力の方が好ましいと言うことができるでしょう。つまり、奴隷制度は「時代遅れ」となったのです。イギリスに次いでアメリカ、オランダ、フランスが奴隷貿易禁止に方針転換します。

奴隷に代わる商品として需要が高まったのが象牙でした。象牙などの高価な商品を求めて、多くの探検隊が川を遡って内陸部に侵入します。いわゆる「探検家の時代」です。象牙だけでなく、重要な資源がアフリカ大陸には眠っていることを知った列強は、貿易や探検だけでは満足せず、内陸部を領土として切り取っていくことに方針を変えるのです。こうして、帝国主義列強による武力を通じた領土の獲得と列強間での分割が始まります。欧米列強による征服が行われたのは、1880年から1910年の間の30年間です。こうして、アフリカ大陸は欧米列強の植民地支配の下に置かれることになります。

3 アフリカのキリスト教

この欧米列強によるアフリカの植民地化に力を貸したのが、キリスト教の宣教師であったことは否定できません。内陸部を開拓した探検家の中には宣教師も多く存在し、出会った先住民をキリスト教に回心させようと力を注ぎました。探検家のスタンレーは、1875年10月にロンドンの新聞『デイリー・テレグラフ』紙に手紙を掲載し、「アフリカの心臓部に高い文明を誇る王国[145]があり、その開明的な君主ムテサはイスラム教に関心を示していたが、今やキリスト教こそが彼の国に希望と光明をもたらすものと期待している。敬虔で実行力のあるミッションの来訪を求めている」と訴えました。この呼びかけにわずか半年の間にイングランド教会のCMSだけで1万2000ポンドという巨額の募金が集まり、1877年には最初の伝道隊がザンジバルからヴガンダ王国に到着し、2年後にはナイル川を遡って北からフランス人によるカトリックの布教団もやって来て、「イスラムと三つ巴の布教合戦を繰り広げた[146]」という状況が生まれました。内陸部を目指す伝道活動は他の地域でも同様に行われ、その結果、現在でもアフリカの多くの国でイスラム教とキリスト教が拮抗するという状態が生まれています。因みにケニアでは、キリスト教徒の人口が80パーセントを超え、イスラム教は11パーセント、その他が土着の伝統的宗教となっています。ナイジェリアではキリスト教徒が46パーセント、イスラム教徒が54パーセントとなっています。

これらの宣教師の役割は、基本的には安定した植民地支配を思想、宗教の面で支えるというものでしたが、教育や医学などの面で現地の人々に尽くした宣教師がいたことも忘れてはならないでしょう。ドイツ人のアルベルト・シュヴァイツァーは、神学者、音楽家でもありましたが、１９０５年以降は医学を修め、１９１３年にフランス領のランバレネに病院を建設し、医療活動に専念しました。

アフリカの他の地域とはかなり異なった経験をすることになった南アフリカについて触れておきましょう。白人の植民地としての南アフリカの歴史は、１６０２年に設立されたオランダ東インド会社の活動に始まります。会社設立から50年後の１６５２年、ヤン・ファン・リーベックが責任者となって、アフリカ南端のケープの地でオランダ人の植民が始まります。リーベックは妻や姪など4人の女性を含む約80人のオランダ人を引き連れてオランダを出発し、翌年4月6日ケープに到着します。彼らは住宅を建て、水路を掘り、農園を拓き、防衛のための砦を建設しました。その後、ポルトガルを通じてアンゴラ、マダガスカル、モザンビーク、ガーナから奴隷を輸入し労働力としました。こうして、ケープは当初から奴隷制社会として経済が営まれたのです。先住民としてはコイコイ人とサン人がいましたが、牛や穀物の取引を通じての関係や、少数ながら現地女性とオランダ人の通婚が行われました。また、強力な軍事力を持つズールー族も控えていました。

フランスがプロテスタントへの宥和政策を破棄した1685年以降は、フランスのカルヴァン派のユグノーが大量にオランダに流れ込み、彼らの中から多数の男女が新天地を求めてケープへの移住を決意しました。しかしこの頃、3次にわたる英蘭戦争の結果オランダは没落し始め、代わってイギリスがケープの支配権を握ります。1820年にはイギリスから約5000人の移民が送り込まれ、1828年には公用語として英語が採用され、それまでのアフリカーンス語に取って代わります。[147] オランダ系の白人植民者（ボーア人と呼ばれる）は、イギリスの支配の手が届かない北部へと移動を開始します。この移動をグレート・トレックと呼んでいます。彼らはそこで、ナタール共和国、トランスバール共和国、オレンジ共和国を建設しました。しかし、1899年から1902年にかけて、イギリスはトランスバールとオレンジ共和国の二つのボーア人国家と戦い、これらをイギリス王領地とし、さらに1910年にはケープ、ナタール、トランスバール、オレンジの4州が南アフリカ連邦を結成することになりました。[148]

このようにして、広大なアフリカ大陸は、20世紀初頭には、イギリス、ポルトガル、フランス、ベルギー、ドイツ、スペイン、イタリアの間で分割支配され、独立を保っているのは最古のキリスト教王国であるエチオピアのみになってしまいました。

4 アパルトヘイトとの闘い

南アフリカは、異なる人種のるつぼです。それらを社会生活において互いに隔離し、格差を制度化し、社会秩序として固定化しようとする人種隔離政策が、白人（ボーア人およびイギリス人）の支配する南アフリカの国策として追求されました。南アフリカ連邦の初代首相はトランスバール出身のボーア人将軍のボタでした。１９１１年には最初の差別立法と言われる「鉱山労働法」が施行されましたが、これは白人と黒人（有色人種）の間で職種や賃金の格差を取り決めておこうとするものでした。白人支配層の頭の中にあるのは、黒人を劣等人種と見なし格差社会の底辺に置き、劣悪な労働条件や賃金を押しつけようとする思想でした。当時のオランダ改革派の指導者たちも、この思想を神学的に支持していたことが知られています。1948年、マランを党首とする純正国民党政権が誕生すると、アフリカーンス語（ボーア人の言語）で「隔離」を意味する「アパルトヘイト」が正式に採用されました。それは有色人種、特に黒人を劣等民族と決めつける人種差別思考の上に成り立つ考えで、経済的には白人には高賃金職種と熟練労働を、白人以外には低賃金職種と非熟練労働をあてがう搾取のメカニズムでした。こうして、住宅環境から乗車するバスやレストラン、公園、利用するトイレに至るまで徹底した差別が行われる「アパルトヘイト社会」が出現し、南アフリカの経済的成長を支えることになりました。また、およそ6万人の住民を人工的に作ったソウェト（ヨハネスブルグ西部のアフリカ人居住区）に強制的に移住させることまで行われました。[149]

　こうした人種隔離は、第二次世界大戦後に生まれてきたアフリカ国家独立の気運や普遍的人権思想に逆行する非人道的政策で、アフリカの新興国はもちろん、国際世論からも大きな反発と批判を受けることになりました。しかし、アパルトヘイトとの闘いは南アフリカ内部からも大きな広がりを見せるようになりました。人々の「不服従」運動は数々の犠牲を伴いながらも、ストライキ、ボイコット、在宅ストなどの戦術をとりながら、人種差別反対と同時に民族解放と政治的独立を掲げるようになりました。アフリカ民族会議（ANC）は当初は武装闘争も辞さない構えでしたが、やがてネルソン・マンデラなどを中心に広範な大衆を組織し、リベラル

@Elke Wetzig

図 25　デズモンド・ツツ

な白人からも支持を得るようになりました。[150]

南アフリカのキリスト教会は、未だに白人至上主義に毒されている教会もありましたが、ケープタウン大主教（聖公会）であったデズモンド・ツツ（図25）は南アフリカにおける正義と人種差別反対のため、幅広いグループと協力して闘いに参加しました。１９９４年にアパルトヘイト廃止後の初代大統領となったネルソン・マンデラは、デズモンド・ツツ大主教を真実和解委員会[151]の委員長に指名しました。また、ツツ大主教は１９９３年にノーベル平和賞を受賞しています。

コラム

アフリカ独立教会

各教会・教派の宣教師たちが精力的に布教した結果、アフリカの多くの国ではキリスト教がメジャーな宗教として人々の間に広まっています。しかし、その中にはアフリカの伝統や文化、霊性に基づいてアフリカで育った独特な教会群があります。宣教師たちが列強の力を背景に、聖書の内容を教条主義的に押しつけた結果生まれた反発から、先住民の宗教や文化と融合し、混淆主義に陥っている教会もあるようです。一例を挙げると、宣教師は聖書の「悪霊」をアフリカの精霊信仰の柱である「精霊」や「祖霊」と同一視し、人々にそれらを撲滅するように求めましたが、それらの精霊信仰や祖霊信仰はアフリカの人々のスピリチュアリティの中に深く根を下ろしています。

アフリカ独立教会は数千もの教派に分かれており、「聖霊教会」「使徒教会」「ペンテコステ派」など様々に名乗っており、数多くの分派も存在します。聖霊の憑依、長時間の礼拝、アフリカ的教会音楽、礼拝中の踊り、神癒を特徴としていますが、中には邪術や悪霊への対抗を唱えているグループもあります。そのリーダーたちはカリスマ的で、個性に富んでいます。南アフリカのアイザイア・シェンベは独特の服装、聖なる山への巡礼など、多彩な活動を特徴とするナザレ教会を作りました。また、ザンビアのアリス・レンシナは１９５３年33歳の時マラリアのために意識不明となり、死亡したものと思われましたが、数日後復活し、「キリストに会って、使命を果たすために地上に戻された」と言うのを聞き、人々は驚かされるのです。それから2

年後「ルンバ教会」を立ち上げ、邪術の撲滅や信徒の村を作るなど目覚ましい活動を始めました。しかし、この教会の信徒たちは北ローデシアから独立しようとした新政府の政策に反対し、村に立てこもったために武力で制圧されます。〈152〉

5 インド・韓国のキリスト教

インドにおけるキリスト教の形成

以上、アフリカと東アジアのキリスト教について概観してきましたが、今や中国を抜く人口を擁するインドのキリスト教はどうなっているでしょうか。

古代に遡ると、インドにキリスト教が伝えられたのは、早くも2世紀頃と言われており、使徒聖トマスに遡るマル・トーマ教会がケララ州を中心に現在も活動しています。

帝国主義時代に入ると、インド亜大陸はイギリスの植民地支配に入ったため、イングランド教会（聖公会）の影響が強く、教派的には聖公会のシカゴ・ランベス四綱領に基づいて合同教会が生まれ、プロテスタント諸教会は地域によってそれぞれ北インド教会、南インド教会、バングラデシュ教会、パキスタン教会が形成されています。シカゴ・ランベス四綱領とは、１８８６年にアメリカ聖公会が北米における教会合同を展望して採択した方針で、１８８８年にランベス会議で承認された綱領です。その内容は次のようなものです。

【シカゴ・ランベス四綱領】

①救いに必要なあらゆることを包含するものであり、信仰の規範、窮極的基準としての旧約聖書、並びに新約聖書

②洗礼の象徴としての使徒信条、キリスト教信仰の十全なる陳述としてのニケヤ信条

③キリストご自身によって制定された二つのサクラメント、すなわち、キリストの制定語と、キリストによって定められた形相を誤りなく用いて執行される洗礼と主の晩餐

④神の教会の一致へと神に召された国民や民衆のさまざまな必要に応じて、その執行方法が地域的に適用されるものとしての歴史的主教制

この綱領が効果的にインド亜大陸で実現したのは、イギリスの植民地支配下にあったという条件が作用していると思われます。これについては、エキュメニズムの項で再論したいと思います。

インドのキリスト教について考える上で重要なことは、カースト制度の存在です。カースト制度とは生まれながらの身分を固定して差別するヒンドゥー教の教えで、ヴァルナと呼ばれる身分制度です。それは、バラモン、クシャトリヤ、ヴァイシャ、スードラと呼ばれる4層の身分からなります。最下層のスードラには、上位階級を支える農民や奴隷、単純労働者などが含まれます。さらにスードラにも含まれない「ダリット」と呼ばれる不可蝕民がおり、スードラすら避ける死体や家畜の糞尿の処理などに携わっています。この身分について、1950年に憲法では差別の禁止を定めましたが、現実には差別は根強く存在しています。キリスト教はこのような身分制度を認めないため、下層の人々から支持されています。さらに「ダリットの神学」という、ダリットに対する差別と闘う神学が形成されています。

韓国におけるキリスト教の形成

日本の隣国であり、清国やロシア帝国の抑圧下にあり、やがて日本の植民地支配を受けることになった朝鮮（韓国）[153]におけるキリスト教の状況はどうだったでしょうか。朝鮮半島に対するプロテスタント宣教の新たな試みが始まったのは、1870年代末からのスコットランド長老派の満州宣教師ジョン・ロスおよびジョン・マッキンタイヤーによってでした。彼らは国外に出る朝鮮人に接触して教化する方法と、聖書を翻訳して朝鮮民衆の中に持ち込む方法を通じて宣教を始めました。徐正敏（ソ・ジョンミン）の『韓国キリスト教史概論』[154]によれば、「驚くべきことは、聖書翻訳に参加していた韓国人が強制や勧誘なしに聖書そのものによって信仰を告白し、洗礼を志願したという事実である。そして、彼らはついに自分が翻訳した聖書を持って自国伝道に旅立つこととなった[155]」。ここに、朝鮮民衆による聖書の受容が、自らの力によって実現されることになるのです。さらに、「アメリカ長老教、メソジスト（監理教）の宣教部は韓国宣教を決定して、ついに韓国に宣教師を派遣した。アンダーウッド、アペンゼラー、スクラントンらが訪韓途中に日本に立ち寄って(韓国人キリスト者)李樹廷(イ・スジョン)に会い、韓国に対するオリエンテーションを受け、彼らが翻訳したハングル聖書を持って韓国に渡ってきた[156]」とその後の展開を記しています。

　また重要なのは、朝鮮の教会が朝鮮の人々の思いを吸収して「民族教会」という性格を明確に形成したということです。プロテスタント受容の過程で「政教分離」、つまり政治的な問題には関わらず、個人の魂の救済にのみに関わるという神学的方針が存在しましたが、それにもかかわらず信徒の持つ愛国心は抑えがたく、強まっていた日本の支配に抵抗するための役割をプロテスタントが果たすこととなりました。

日清戦争後、朝鮮王朝に対する干渉を強めていた日本は、やがて朝鮮国を「保護国」とし、日露戦争でロシアの影響を排除した後、1910年には「韓国併合」を果たして、朝鮮半島を日本の完全な支配下に置きました。そして、経済的、政治的、思想・文化的支配を強化し、民族同化・植民地政策を進めたのです。日本の支配に対する朝鮮民衆の闘いは1919年、「三・一運動」として燃え上がります。この運動の中心に多くの朝鮮人キリスト者がいたことは特筆すべき事実です。当時16歳であったメソジスト教会の信徒、梨花女学校中等科一年生の柳寛順（ユ・グァンスン、図26）は闘いの先頭に立ち、日本の憲兵によって逮捕され、法廷でも自己の主張を堂々と述べて、拷問により獄中で死亡します。また、ソウル近郊の堤岩里（チェアムニ）の村人が教会に集められた後、閉じ込められて火を放たれ、全員が死亡するという悲惨な事件も起こりました。

宗教や文化の面でも、日本の支配は朝鮮人のアイデンティティそのものを消し去るというものでした。特にソウルの中央にある南山に巨大な「朝鮮神宮」を建てて人々に参拝を強制したことは、キリスト者をはじめ、人々の信仰を破壊する行為でした。これに抵抗して閉鎖させられた教会は200以上、投獄された牧師・信徒は2000名、獄死した人は50名余りと言われま

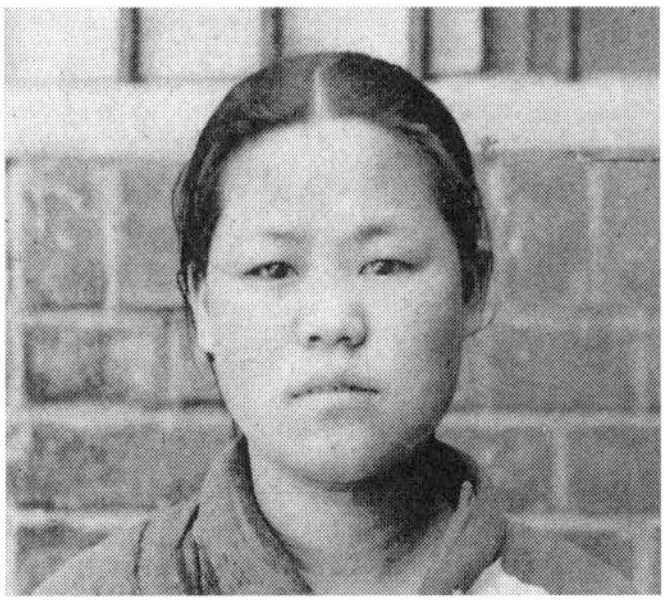

図26　柳寛順

す（『日韓キリスト教関係史資料2』新教出版社、1995を参照）。また、創氏改名（日本名に変えること）や皇民化教育を通じて、朝鮮の文化的アイデンティティを喪失させようとしました。

　こうして非キリスト教国である日本が、植民地宗主国として現れ、それに対してキリスト教が反植民地主義闘争の拠点となるという歴史上珍しい状況が生まれたのです。この条件は現代の韓国におけるキリスト教の隆盛を考える上で極めて重要なものであると言えるでしょう。

コラム

解放の神学

　差別され、抑圧されている人々のための神学が初めて体系的に「解放の神学」として形成されたのは、ラテンアメリカでした。ラテンアメリカ諸国では、スペイン、ポルトガル、イギリスなどの植民地宗主国からの独立を勝ち取った後でも、少数の大土地所有者による寡占支配によって、多数の農民は搾取と抑圧に苦しんでいます。数パーセントの土地所有者が下層の農民を使って大国の必要とする商品作物（バナナ、サトウキビ、コーヒーなど）を栽培し、巨額の利益を上げているのです。また、農民の反抗を抑え込むために、私兵集団を雇い入れています。

1968年にラテンアメリカの司教（カトリック）代表はコロンビアのメデジンで会議を開き、それまでラテンアメリカで実践されてきた「解放の神学」を公の課題として世界に発信したのです。ラテンアメリカ諸国では、それまでにキリスト教基礎共同体（BCC）の形成を通じて下層の農民の意識の変革、経済的地位の向上、女性の自覚の向上などを進めてきましたが、それらがバチカンによって認められる扉が開かれたわけです。代表的な神学者としてはペルーのG・グティエレス、エルサルバドルのE・カルデナル、ミサを執行中に暗殺されたエルサルバドルの大主教オスカル・ロメロが挙げられるでしょう。解放の神学の影響を受けた被抑圧階級の闘争は、人々の意識の変革と生活の向上を目的とする場合がほとんどですが、中には武装解放勢力と手を結ぶ場合もありました。

ラテンアメリカの解放の神学に触発されて、フィリピン、アメリカの黒人、韓国の被抑圧民衆の間にも解放の神学が広まっています。韓国独自の解放の神学は「民衆神学」と呼ばれます。民衆神学の創始者は安炳茂（アン・ビョンム）、徐南同（ソ・ナムドン）らでしたが、それぞれ韓国民衆の集団的な意識を変革しようと努めました。アメリカ黒人の解放の神学は、J・コーンによって代表されます。

第11章

宣教のパラダイム転換と教会一致（エキュメニカル）運動

1 エキュメニカル運動

19世紀から20世紀に入ると、世界のキリスト教の展開もかなり落ち着いてきたと言えるでしょう。ラテンアメリカの国々はほとんどキリスト教化され、アフリカの勢力図も固まってきたかに見えます。この頃、キリスト教の拡大を振り返って多くの反省が生まれてきます。ラテンアメリカやアフリカで先住民に対して行った残虐行為を見れば当然のことと言えるでしょう。また、教会や教派同士が敵対し、社会を一層悪化させている状況にも多くのキリスト者が気づき始めていました。

ここで注視しなければならないのが、エキュメニズム、あるいはエキュメニカル運動という世界の教会で生まれてきた運動です。エキュメニカルの語源は「オイコス」（家）を表すギリシア語です。ここから派生した「オイクメネー」という言葉は、聖書に出てくる「全世界」を言い表す言葉なのです。今日ではこの言葉は「全世界に福音を宣べ伝える全教会の課題全体に関わるすべてのこと」〈157〉を指すようになっています。さらにこの言葉には、様々に分裂し、互いに敵対する状態になっている教会の再一致運動[158]が包含されています。

現代におけるエキュメニカル運動の嚆矢は、1910年にスコットランドのエディンバラで開かれた「世界宣教会議」に求められます。エディンバラ宣教会議が各伝道会社の代表から構成されていたのに対して、1925年にストックホルムで開催された「生活と実践」世界キリスト教会議は初めて諸教会の正式な代表で構成された世界会議であり、「最初のエキュメニカルな会議」と呼ばれています。[159]「世界宣教会議」「生活と実践会議」を草創期の二つの潮流とすれば、第三の潮流として1927年にローザンヌで開かれた「信仰と職制世界会議」を挙げなければなりません。宣教や倫理という実践面にとどまらず、礼拝や職制[160]などの伝統的教理の相違を克服して教会再一致を目指すところに、この「信仰と職制」運動の基本的意図が存していると言えるでしょう。[161]

やがてこの三つの潮流が合流して機構的に統合され、「世界教会協議会」（World Council of Churches）が成立することになります。第一回総会は、1948年、戦争の傷跡も生々しく残るアムステルダムで行われました。この総会では「人間の混乱と神の計画」という主題が掲げられ、世界の教会への「使信」が採択され、大戦の嵐の中で無力であった教会の罪責が告白され、「われわれは、信仰や職制や伝統においてのみならず、民族や階級や人種の驕りによっても分裂している。しかし、キリストはわれわれを彼に属するものとして下さり、彼（キリスト）

は分裂していない。キリストを求める中で、われわれは互いに見出し合うのである」と主張しました。また、1950年には「トロント声明」が出され、「WCCは決して超越的教会ではなく、WCCに属する教会は互いに対話し、学び合い、証しにおける協力の必要性を認め合う」として、WCCはスーパーチャーチではなく、「多様性の中の一致（Unity in Diversity）」を求めることを明らかにしました〈162〉。

WCCにはほとんどすべてのプロテスタント教会、東方正教会が参加しました。ローマ・カトリック教会は1968年以降、オブザーバーとして参加することになりました。

WCCの大会の特徴は、その時々の世界情勢の中でキリスト教会が果たしてきた役割についての真摯な反省と今後の進むべき方向を指し示してきたということでしょう。そこから、「宣教する側は欧米のキリスト教国」「宣教される側はアジア、アフリカの非キリスト教国」という図式からの脱却を目指して新しい宣教論が模索されてきたのです。これを「宣教のパラダイム転換」という言葉で言い表します。1967年には「他者のための教会」という共同研究が発表され、その中で「神の宣教」という新しい宣教論に基礎づけられた宣教論が発展させられます。それは「神は第一義的に世界に関与され、教会はその働きに参与する」という視点に他なりません。これまでは、教会は神の代理人であって、教会を建て、成長させることが宣教の内容でしたが、「神の宣教」論においては、第一に救いを必要としている人々に神の声が届けられることが重要になります。[163]「教会の外に救いなし」という伝統的な救済論に疑問符がつけられ、「教会の壁の外のキリスト」が語られることになるのです。また、1973年に「ベトナム戦争の砲撃がこだまするバンコク」[164]で開かれたWCC宣教会議では「今日の救い」がテーマとされ、救いは果たして個人の魂のみに関わるのか、それともそれは社会的責任にまで及ぶ包括性を持つものなのかをめぐって鋭い論争が行われました。この論争を通じて、「救い」は魂と肉体を含む人間存在の全体に関わるものであることが明らかにされました。[165]

このような第二次大戦後のWCCの福音理解の発展に対して、福音派と呼ばれる教会はどのような対応をとったでしょうか。福音派は個人の魂の悔い改めと救いに集中し、第一義的にはまだ福音を知らない人々を対象として伝道しなければならないと主張していましたが、1974年にローザンヌで開かれた福音派の世界伝道国際会議で採択された「ローザンヌ誓約」において、教会の社会的責任をも認めようとしました。「私たちは、時には伝道と社会的責任とを互いに相容れないものと見なしてきたことに対し、懺悔の意を表明する」「たしかに社会的行動即伝道ではない。政治的解放即伝道ではない。しかしながら、私たちは伝道と社会的政治的参与の両方が、ともに私たちキリスト者の務めであることを確認する」[166]。このようにローザンヌに結集した福音派は、WCCによる社会的責任への関与を認めることになりました。

ローマ・カトリック教会は、1962~65年に開催された第二バチカン公会議において、典礼、教会、エキュメニズム、信徒使徒職、世界の諸問題等について、全く新しいアプローチを示すこととなりました。「エキュメニズムに関する教令」の中で、「主キリストが設立した教会は単一・唯一のものである」ということを前提として、東方正教会、非カルケドン諸教会、西欧における分かれた諸教会のそれぞれを検討し、前向きにエキュメニズムに取り組むことを表明しています。WCCには、第二バチカン公会議以降、オブザーバーの形で代表を派遣しています。

2 キリスト教の新しい顔——アジアとアフリカのキリスト教

これまでに、アフリカのキリスト教について触れる機会がありました。しかしそれは、キリスト教の中心である欧米から宣教師によって運ばれた種がアフリカで花開いたという「伝道の成果」として考えられることが多かったように思います。ところが、現代キリスト教についても幅広い研究を進めているフィリップ・ジェンキンスは、著書 *The New Faces of Christianity - Believing the Bible in the Global South,* Oxford University Press,2006 の中で、欧米、特にヨーロッパでキリスト教が衰退を始めている〈167〉のに対して、アフリカ、アジアではキリスト教の爆発的成長が見られることを指摘し、キリスト教全体の重心が「グローバルサウス」に移動しつつあると指摘しています。「今日、世界には約20億人のキリスト者がおり、そのうち5億3千万人が欧米に住み、5億1千万人がラテンアメリカに、3億9千万人がアフリカに、そして恐らくは3億人がアジアに住んでいる。しかし、これらの数字は今後数十年間に大きく変化するだろう。２０２５年までにはアフリカとラテンアメリカが最もキリスト者の多い大陸の座を競うことになる。そして「地球のキリスト教の統計的重心」を示す地図は、中心が１８００年におけるイタリア北部、１９００年における中部スペイン、１９７０年におけるモロッコから絶えず南方に移動し、現在ではティンブクツ（西アフリカ・マリ共和国内のニジェール川流域に位置する都市）付近にあると考えられる。そして今後1世紀の間に軌跡が南に向かう趨勢は押し止めようがない」「そして１９８０年以降スペイン語が世界のキリスト教会の主要な言語であったように、今後は中国語、ヒンディー語やスワヒリ語がはるかに大きな役割を演じるようになるだろう〈168〉」。

　また、アフリカにおけるキリスト教徒の人口について、１９００年と２０００年の間に、１

000万人から3億6000万人に、人口の10パーセントから46パーセントに増加したと指摘しています。[169] さらに重要なことは、アフリカやアジアで急速に発展している教会は、欧米の（リベラルな）教会とは異なる保守的な神学的傾向を有しているということです。一般的にはグローバルサウスの教会は、聖書のファンダメンタルな読み方、人間の性のあり方や家族の問題についての保守主義がその特徴であると言えるでしょう。それに対して欧米の教会は（北米のファンダメンタルな教会を除いて）、一般的にリベラルな傾向を有していると言われます。スウェーデンのルター派のリベラルな指導部がジェンダーと性の問題に関して、女性の叙任の容認、同性愛と同性婚の容認という方針を打ち出したとき、教会内の保守的な勢力はケニアの監督ウォルター・オムワンザの牧会下に入ると決定しました。オムワンザはスウェーデン教会が「神の言葉に敵対する世俗的で、非寛容で、官僚主義的なファンダメンタリズム[170]」を実行していると批判し、スウェーデン教会が行った女性の叙任を「グノーシス的奇行[171]」であり、「古典的キリスト教と共存することさえ許されない[172]」と攻撃しました。同様の攻撃は、アメリカ聖公会（TEC）に対しても見られ、アメリカ聖公会が同性愛者の叙任、同性婚の祝福を決定した際に、これに反対するグループはナイジェリア聖公会の大主教アキノラの司牧下に入り、「北米聖公会」（ACNA）という新しい教団を結成するに至りました（2009年）。

これらの対立軸には、女性の叙任、女性の主教、同性愛の容認、同性愛者の叙任、同性婚の祝福という一連のセクシュアリティとジェンダーに関わる問題があります。こうした軸を中心に、聖書のファンダメンタルな読み方、アフリカやアジアの文化と融合したキリスト教、といった問題があります。

アジアのキリスト教を考える上で見逃せないのは韓国と中国のキリスト教です。韓国におけるキリスト教の形成と発展についてはすでに触れましたが、韓国のキリスト教は現在、人口の30パーセント(プロテスタント18・3パーセント、ローマ・カトリック10・9パーセント)を占めると言われています。ただし、プロテスタントは増加が頭打ちの傾向にあり、教派、教会間の信徒の奪い合いの傾向さえ生じています。また、統一教会をはじめキリスト教福音宣教会、新天地イエス教、万民中央教会など「異端」と呼ばれるグループも数多く生まれ、「正統」キリスト教との区別が難しくなっているとも言われます。これらの「異端」教派の特徴は、現世利益追求、教祖のカリスマ的崇拝、多額の献金による救済の約束など、本来のキリスト教とはかけ離れているのが実態です。正統とされる教派としては、長老派(大韓イエス教長老会)が最大教派(228万人)ですが、内部で10近い教派に分裂しています。世界のキリスト教再一致運動(エキュメニズム)との関係で言うと、大韓イエス教長老会の中の「統合派」はエキュメニカルな運動に開かれた態度を持ち、WCC(世界教会協議会)に加入を決定(1959年)、一方「合同派」はファンダメンタルな傾向を持ち、様々な社会的問題に取り組むWCC(世界教会協議会）はキリスト教を破壊する「マルクス主義の手先」であるとしてこれと対立しました。２０１３年に釜山で開かれたＷＣＣ総会に際しては「合同派」は様々な手段でこれを妨害する行動に出ました。

韓国には、長老派以外にも数多くの教派、教会があります。大韓監理教（メソジスト）も１８８４年以来の歴史を持っています。また、汝矣島《ヨイド》純福音《じゅんふくいん》教会などはメガチャーチと言われ、巨大な礼拝堂を有しており、１ヵ所で数十万人の信徒を擁していると主張しています。また、軍事独裁政権との闘いを背景に生まれた「民衆の神学」を堅持している「民衆教会」も数は少なくとも、重要な福音理解を訴え続けています。また大韓聖公会も、貧しい人々への奉仕の業、平和と祖国統一への揺るぎない立場によって、信徒数は多くはありませんが、独自の存在感を発揮しています。

中華人民共和国成立後の中国キリスト教は、ＹＭＣＡの呉耀宗《ごようそう》や中華聖公会の丁光訓《ていこうくん》らの指導の下で１９５４年に「三自愛国《さんじあいこく》教会」を結成し、ほぼ全教派がそれぞれの教派組織を残したままこれに参加し、中国共産党の指導に服することになりました。また、１９５２年には華中の10余りの神学校が統合されて金陵協和神学院《きんりょうきょうわしんがくいん》が設立され、ほぼすべての神学校がこれに吸収されることになりました。〈173〉

１９６６〜１９７６年までのいわゆる「文化大革命」の期間は、キリスト教のみならずすべての宗教が厳しく弾圧され、教会堂も破壊もしくは別途の使用に供されるなど、活動の余地はほとんどなかったと言えるでしょう。しかし１９８２年に鄧小平の指導によって新たな宗教政策がとられることとなり、過去の強制的手段による宗教消滅政策は誤りであり、長期的政策として宗教信仰の自由を保障し、社会主義建設のために宗教の積極的要素も活用するという方針が立てられました。

こうした状況の下で、中国のキリスト教は爆発的に成長することになります。三自愛国教会公表した２０１２年の統計では受洗者だけで２５００万人の信徒がいるとされています。ここに非合法の「家庭教会」を加えると、アメリカのピュー・リサーチセンターによれば、プロテスタント約５８００万人、カトリック約９００万人という数字が出されています。〈174〉この趨勢が続くと、21世紀中に中国のキリスト教人口は数億人に達すると言うことができるでしょう。ただし、キリスト教徒の急激な増加には、中国共産党指導部が警戒心を示しているとの情報もあります。

第12章

キリスト教とは何か

これまでに見てきたように、世界の歴史が形成される中で、キリスト教という宗教・社会思想は大きな役割を演じてきました。特に、西ヨーロッパという社会はキリスト教を骨格として形づくられてきたと言うことができるでしょう。ですから、歴史の転機においてキリスト教がどのような役割を果たしたのかを各章・各節ごとに押さえることによって、キリスト教とは何かという問題提起にある程度答えることができたと思います。それぞれの出来事の中にはポジティブな面も、ネガティブな面も含まれています。

最終章を記すにあたって、再度「キリスト教とは何か」、あるいは「キリスト教とは何でないか」という問いと答えを整理してみましょう。これまでの記述から見られるように、キリスト教の歴史が残した遺産には、正の遺産と負の遺産があります。正の遺産を強調しすぎると、我田引水的ないわゆる「護教論」になってしまい、「キリスト教とは何か」という問いには答えられなくなります。むしろ、負の遺産に焦点を当て、そこから「キリスト教とは何であるべきか」を探る方が正鵠《せいこく》を得ることができるのではないかと考えます。

キリスト教は何で「ない」か

キリスト教に何かを求めて教会にやってこられた人が、予想と違った姿に出会い、「がっかり」して帰られることがあります。どのようなものを期待してこられるのでしょうか。筆者の経験から推測できる点を整理してみたいと思います。

①旧約の神と新約の神

キリスト教では、旧約聖書と新約聖書の両方を用います。ですから教会の聖書研究などでは旧約聖書も学びます。私が以前担当しておりました教会の聖書研究に初めて出席された女性がおられました。その時にテキストとして使われていたのが、旧約聖書のサムエル記上15章でした。登場するアマレク人という民族が、古代イスラエル人がエジプトからカナンへの旅を続けているときに敵対的な行動をとったために、イスラエルの神は彼らを絶滅させようとします。「万軍の主はこう言われる。『イスラエルがエジプトから上って来る道で、アマレクが妨害したことに対して罰を加える。さあ、行って、アマレクを討ち、アマレクに属するものはすべて滅ぼし尽くしなさい。容赦してはならない。男も女も、子どもも乳飲み子も、牛も羊も、らくだもろばも打ち殺しなさい』」[175]。この命令に対して当時のイスラエル王サウルは、アマレクの王アガグを殺さずに生け捕りにし、羊と牛や動物の最上のものも生け捕りにして自分のものにしてしまいました。神はサウル王のこの行為に憤り、主の御言葉を退けたサウルを王位から退け、預言者サムエルはアガグを斬り殺しました。

ここでは、神の命令に忠実であるかどうかだけが問題にされ、アマレク人全体を虐殺することが神の意志とされています。このテキストを読んだ来会者はキリスト教とは何という恐ろしい宗教だろうかと震え上がられたのではないかと思います。彼女は二度と教会に顔を見せることはありませんでした。旧約聖書の神はイスラエル民族の「部族神」であり、敵に対しては報復の神であり、人間に対しては専制君主のように絶対の服従を求める神であると彼女の目には映ったのではないでしょうか。

すでに述べたように、イエス・キリストはユダヤ教の伝統の中に生まれましたが、ユダヤ教の民族主義、報復主義、律法主義、暴力性とは徹底的に闘いました。イエスは徴税人や罪人とともに食事をしたことで彼を批判したユダヤ教律法主義者に対して「『わたしが求めるのは憐れみであって、いけにえではない』とはどういう意味か、行って学びなさい」と反問し、「わたしが来たのは、正しい人を招くためではなく、罪人を学ぶためである〈176〉」と宣言しました。ここには、人間は過ちを犯しがちな存在であり、そのような人間存在をなおも愛されるのが神の性質であるという主張が強く込められています。

そこで、キリスト教は旧約聖書も新約聖書も双方とも「聖書」として教えの原典とするけれども、同じ比重で大切にするわけではないということをはっきりさせなければなりません。旧約聖書は新約聖書の光に照らして理解しなければなりません。つまり、ユダヤ教徒として生まれたイエス・キリストがどこで、どのようにしてユダヤ教の教えと闘ったのかを理解しなければならないのです。もちろん旧約聖書からキリスト教が引き継いだ積極的な教えも数多く存在します。天地万物は創造主である神によって命を与えられたこと、苦しむ弱小な人々を神は解放に導いてくれること、神は常に歴史の中で働き、苦悩の中にある人々を救うこと、などはキリスト教が旧約聖書から学び、発展させた考えです。また、旧約聖書をそれとして理解しようとする場合には、旧約時代の考えや習慣などを正確に理解し、後代のキリスト教の教理をそこに読み込んではならないと言われます。それは正しいのですが、イエス・キリストの存在と教えを中心に考える時、やはり理解の基準は新約聖書にあるのではないかと思います。

②パレスチナにおけるシオニストの暴力的支配

現在、パレスチナにおいて進行している事態は、まさに何がキリスト教で「ない」かを、はっきりと示しています。ここには、キリスト教とユダヤ教、イスラム教という三つの信仰に関わる勢力が関わっています。そしてエルサレムはこの三つの宗教の「聖地」とされています。

現代のパレスチナにおける三つの宗教の関係を整理してみましょう。まず、イスラエル国は「ユダヤ人国家」と自ら規定しています。ユダヤ人とはユダヤ教徒であるか、ユダヤ人の母親から生まれた人と定められています。そして、そのイスラエル国の占領政策を支持しているのが、アメリカのキリスト教右派（福音派）です。また、１９４８年の「イスラエル建国」にあたっては、欧米のキリスト教の大勢が、過去におけるユダヤ人抑圧、ことにホロコースト（ユダヤ人大虐殺）に対する罪責感からイスラエルの軍事行動と政治的支配を支持、あるいは容認してきました。

一方、ガザ地区やヨルダン川西岸地区に居住している人々は基本的にアラブ人です（イスラエル国内にもアラブ人が居住しています）。アラブ人の多数はイスラム教徒ですが、キリスト教徒も少なからず存在しています。ローマ・カトリック教会やギリシア正教会、コプト教、シリア正教、アルメニア使徒教会、アッシリア東方教会など歴史的に古いキリスト教の信徒もいますが、ルター派や聖公会など19世紀以降に宣教を開始した教派も存在しています。イスラエル国による土地の収奪、民族浄化政策による犠牲者はムスリムにもキリスト教徒にも及んでいます。

現在のイスラエル国の指導部は、本来のユダヤ教から逸脱した軍事力優先のシオニスト[177]と呼ばれる勢力です。世界に広がっているユダヤ教共同体の「ラビ的ユダヤ教」は、武力によってパレスチナを奪うことに反対しています。シオニスト運動は19世紀にヨーロッパとロシアに生まれ、20世紀におけるナチスのホロコーストや東ヨーロッパ・ロシアにおけるポグロム（ユダヤ人大虐殺）に対する反応として、ローマ帝国によってユダヤの国が滅ぼされる以前にユダヤ人が居住していたパレスチナに帰ろうという運動として始まりました。当初は「シオン（エルサレム神殿が存在していた丘の名前）を愛する者」という愛国的な運動でしたが、やがて軍事力によってでもパレスチナに土地を獲得して「建国」しようとする強硬な勢力（修正主義者）が指導権を握り、パレスチナにおいて次々と戦争を引き起こし、民族浄化政策によってパレスチナ人を難民化し、土地を収奪しているのです。彼らはパレスチナ人の土地を取り上げ、その上に次々とコロニー（入植地）を建設しています。そのためにパレスチナ人から土地を奪い、家屋をブルドーザーで破壊し、抗議するパレスチナ人を拘束しているのです。その根拠としているのが、旧約聖書（ヘブライ聖書）の「こうしてその日、主はアブラムと契約を結んで言われた。『あなたの子孫にこの地を与える。エジプトの川からあの大河ユーフラテスに至るまでの、カイン人、ケナズ人、カドモニ人、ヘト人、ペリジ人、レファイム人、アモリ人、カナン人、ギルガシ人、エブス人の地を与える。』」という文言なのです。⁽178⁾ヘブライ聖書には、この他にもイスラエルの神が排他的にユダヤ人にパレスチナの土地を与え、そのために他民族をことごとく排除するということが謳われています。

そのために、シオニストたちは、彼らに都合の良い「土地の神学」を組み立てています。パレスチナは神がユダヤ民族に与えられた土地であり、ユダヤ人こそがその土地に「帰還」する権利を持っているのであって、パレスチナ人はその土地を不当に占拠しているのだというのです。高さ8メートル、全長500キロメートルの分離壁の建設、ブルドーザーによる住宅破壊など暴力的手段によって土地を奪い取り、パレスチナ人が裁判に訴えても、結局は「これは神がユダヤ人に与えた土地だ」という最終的結論が立ちはだかっています。戦闘的シオニズムのグッシュ・エムニームという組織のメンバーは、ユダヤ人入植地の建設のために一見アラブ所有の土地を没収したように思える行為は、窃盗行為ではなく、聖別行為であると信じています。彼らは、土地はサタンの領域から神の領域に移されることによって贖われるという「土地の贖い」を主張しているのです。〔179〕

コラム

ナクバ――パレスチナの人々にとっての大災厄

「ナクバ（アラビア語で大災厄、大惨事）」とは、直接的には1948年のいわゆる「イスラエル建国」に伴って、ムスリムであれキリスト教徒であれ、長年にわたってパレスチナに住みついていたアラブ人がシオニスト兵士によって自らの故郷から追い払われ、土地を奪われた一連の被害体験を指しています。1948年のイスラエル「建国」の直接の結果として、75万人のパレスチナ人が土地を奪われ、シオニストたちは土地の78パーセントを征服するまでとどまることを知りませんでした。パレスチナの破壊は破滅的なものとなり、その後長年にわたってパレスチナの進歩と発展は妨げられることとなりました。パレスチナ人の聖公会司祭ナイム・アティークは、自ら少年時代にこれを体験し、それを「三重のナクバ」（①パレスチナ人がその住まいと土地を失い、貧困と難民状態に陥れられた「人間的」災厄、②シオニストがパレスチナの文化と歴史、記憶を消去しようとしたパレスチナ人のアイデンティティに対するナクバ、③欧米の教会の多くがイスラエル建国を支持したことによる信仰のナクバ）と表現しています。〈180〉

③原理主義的聖書理解

問題は、シオニストたちがヘブライ語聖書の言説（神の言葉）を字義通りに受け止め、自分たちの行動に神の正義を付与するために用いているという点です。すでに先住民が暮らしている土地を奪い、彼らを排除し（時には殺戮し）、その土地にコロニーを建設するのが「神の正義」であると主張するためには、聖書の言葉を都合良く切り取って使うのがよいのでしょう。ヘブライ語聖書の中にも、他民族の権利を擁護する規定〈181〉が存在しますが、彼らにとってはそのような文言は無視できるほどの重要性しか持たないのです。

シオニストたちが用いるのはヘブライ語聖書、つまりキリスト教が言う「旧約」聖書ですが、そのシオニストたちを強力に支援し、今日に至るまで育て上げたのは主としてアメリカのキリスト教原理主義者、つまり福音派の一部です。ですから、そこには聖書全体に対する原理主義的理解、いわゆるファンダメンタリズムの問題も存在しているわけです。これについては、第8章を参照してください。

原理主義的聖書理解の問題点は、聖書の文言の一言一句が聖霊に導かれて記され、過ちのないものであるとする理解だけでなく、聖書の文言の中から自分たちに都合の良い言説だけを切り取って利用するという便宜主義的な聖書利用法にもあると考えられます。

④民族差別

シオニストによるヘブライ語聖書の原理主義的理解は、残酷な民族差別を生み出します。その主張の一つが「民族浄化」です。旧約聖書には神が「民族浄化」を命じたという次のような記事が多数出てきます。「ヨルダン川を隔ててエリコの対岸、モアブの平野で、主はモーセに告げられた。その地のすべての住民をあなたがたの前から追い払い、すべての石像を打ち壊し、すべての鋳物の像を打ち壊し、高き所をことごとく破壊しなければならない。あなたがたはその地を所有し、そこに住みなさい。私は、あなたがたが所有するためにその地を与えたのだから」（民数記33：50―53）。また、旧約聖書の中には「エズラ記」「ネヘミヤ記」という文書があります。半世紀にわたるバビロン捕囚からエルサレムに帰還したイスラエルの指導者が目にしたのは、残留していたユダヤ人男性の多くが現地の非ユダヤ人女性を妻にしているという現実でした。これに対して、エズラ（祭司）とネヘミヤ（行政官）は次のように命令します。「彼らもその息子たちもこの地の民の娘をめとり、聖なる種族はこの地の民と混じり合ってしまいました。長たちや役人たちが最初にこの背信の行為に手を染めたのです」（エズラ記9：2）。「この地の民から、外国の女から離れなさい」（エズラ記10：11）。彼らはこのようにして、すでに出来上がっていた家族関係を破壊し、離散させたのです。〈182〉ユダヤ教原理主義者はこのような言説を利用して、非ユダヤ人を非人間として、その殺戮さえ推奨しています。

２０２３年10月初旬から、パレスチナのガザ地区を実効支配するハマスがイスラエルに攻撃をしかけ、人質をとったことをきっかけにして、イスラエルによる報復攻撃が始まりました。狭いガザ地区にイスラエルの戦車部隊が侵攻し、ガザの町は瓦礫と化し、多くの人々の命が奪われています。人々の命を守る病院も爆撃によって破壊され、子どもを含む入院患者の命が失われました。これまでもガザ地区はイスラエルによる完全封鎖で人道物資も届かない状況でしたが、戦争が始まってからは人道物資や医薬品、燃料が搬入されず、負傷者や患者の命が危ぶまれています。2024年2月18日の時点で地元の保健当局によると、パレスチナ人の死者は3万人に上り、そのなかには乳幼児や子どもも含まれています。イスラエル側の死者は1400人以上となっています。ジェノサイド（大量殺戮）が進行し、これまで「天井のない監獄」と言われていたガザは「屠殺場」と化しています。ここも、シオニストによる「民族浄化」の思想が貫かれているように思われます。

このような人種差別、民族差別は世界の歴史の中で幾度となく繰り返されています。ヒトラーのナチスはいわゆるアーリア人と非アーリア人、特にユダヤ人とを区別し、後者を徹底的に排除します。いわゆる民族浄化です。南アフリカのアパルトヘイト体制の中でも、アメリカ南部の人種差別においても、愛する家族が人種の違いによって引き裂かれるという悲しい事件が頻発しています。これに対して、キリスト教は果たしてその責任を免れることができるでしょうか。

⑤戦争の神と平和の神

ユダヤ教もキリスト教もイスラム教も、敵対する宗教、あるいはその宗教の内部の対立、分派の対立において、武力、戦争という手段に訴えてきた歴史があります。キリスト教がローマ帝国に公認される上でも、コンスタンティヌス帝の戦争における勝利に貢献した物語が伝わっています。中世においても十字軍の働きは、教会の働きと切り離すことができません。旧約聖書においては、「万軍の神」と訳される「ヤハウェ・ツェヴァオート」という言葉が280回以上も登場します。[183] キリスト教の教会でも礼拝式文の中で「万軍の神」という文言がしばしば登場しますが、リベラルな主流派教会においてはそれを「力と勢い」などと読み替えています。[184]

しかし、2001年9月11日の「同時多発テロ」後のアメリカ合衆国政権は、このような「戦の神」というイメージを表に立て、アフガニスタンやイラクなどの国々を全体として敵視し、報復の対象としてきました。現代の「十字軍」という表現も使われました。イエス・キリストは有名な「山上の説教」の中で、「平和を造る人々は、幸いである。その人たちは神の子と呼ばれる」[185]と説きました。このイエスの教えに忠実に、報復戦争に反対し、平和を求め続けた人々がいました。「同時多発テロ」によって肉親を失った100以上の家族によって作られた「ピースフル・トゥモロウズ」というグループです。この人々は肉親を殺されたにもかかわらず、報復や戦争ではなく、平和による問題の解決を訴えます。彼らの合い言葉は、「わたしたちの家族の死を、戦争の口実にするな！」「わたしたちの悲しみを平和への一歩に！」でした。また、米軍によるイラク侵略の際には、牧師を含む日本のキリスト者が「人間の盾」となって、米軍機の爆撃に対抗したという出来事もありました。

⑥「全知全能の神」？

２０１１年3月11日の東日本大震災は、多くの人々の間に「神はなぜこのような災厄が起こるのを許すのか？」という疑問を引き起こしました。「全知全能の神」という表現があります。神は天地万物を創造され、支配される方で、神にとって不可能なことはない、という意味です。では、なぜ東日本大震災のような悲劇が引き起こされるのでしょうか。それとも、それは罪深い人間に対する神の罰なのでしょうか。大震災の時に、あれは自然を破壊し尽くした人間に対する罰だと説き、人々の怒りを招いたキリスト教の教派がありました。そのような「神の怒り」に基づいた教えがあり得るのでしょうか。

震災の経験をした7歳の少女がローマ教皇ベネディクト16世に、「なぜこんなに悲しいことになるのか、神様とお話ができる教皇様、教えてください」と質問する手紙を送ったことがあります。それに対する教皇の答えは次のようなものでした。「我々は答えを持っていませんが、罪なきキリストがあなた方と同じく苦しまれたということは知っています。イエスの生涯を通してこられた真実なる神は我々とともにいるのです。悲しみの中にあっても、たとえすべての答えを知らないとしても、神は我々の側におられ、我々を助けてくださいます」。

神は、高いところに鎮座し、地上界を見下ろしている「専制君主」ではありません。また、私たち一人ひとりを将棋の駒のように自在に動かす支配者ではありません。そうではなく、神は常に私たちとともにおり、生かし、力づけ、その苦しみを共有する方です。そういう意味では「万能の神」という表現は適切ではありません。イエス・キリストが罪人たちとともに十字架につけられたという「事実」はそのことを表しています。ドイツの神学者ユルゲン・モルトマンは著書『十字架につけられた神〈186〉』の中で、苦しむことのできない神は不完全な神である。神は苦難を経験することを意志した、と説いています。

同じ事柄を、「強い神」に対する「弱い神（a fragile god）」、「君臨する神」に対する「愛の神」という対比で表すこともできるでしょう。いずれにしても、それは2000年の間キリスト教が拠り所としてきた「全知全能の神」という理念に対するチャレンジであると言えるでしょう。

⑦弱者の側に立つ神

1960年代以降のラテンアメリカで「解放の神学」が大きな影響力を持ったことはすでにコラムの中で述べました。それは、「貧者の側に立つ(Option for the Poor)」という言葉によって明確に示されます。この世界に富者と貧者、支配者と被支配者という差別が現存する以上、貧しい人々、抑圧されている人々、差別されている人々の側に立ち、それらの人々を全的解放に導く神。そのような神がイメージされているのです。

⑧神聖な空間？

「なぜ教会に来られましたか？」という問いに、多くの新規来会者は「神聖な雰囲気に浸りにきました」と答えます。たしかに、歴史を経た教会堂（礼拝堂、聖堂）は、街の雑踏にはない神的な雰囲気を漂わせています。中世の修道院も、苦しい日々の生活や貧しさから切り離された、静寂で神々しい天的な雰囲気を漂わせていたことでしょう。美しいステンドグラス、パイプオルガンの音色。しかし、それはキリスト教の持つ一つの要素でしかありません。イエス・キリストは静かな祈りの時を大切にしましたが、それは、この世における新たな活動に備えるためでした。

世俗社会と教会という信仰共同体は、超えることのできない溝で隔てられているわけではありません。世俗社会の中に様々なつながりを持ちつつ、信仰共同体が生まれ、成長していくのです。中世の修道院は、世俗社会とは区別される規則によって治められていましたし、修道士には終身の独身制（celibacy）が奨励されていました。しかし、宗教改革で生まれたプロテスタント諸教派は、教職者（牧師、聖職者）が一般信徒と同じ家庭生活を送ることを選び取りました。そのようにして「世俗の中に開ける聖性」を理解しようとしたのです。ディートリッヒ・ボンヘッファーは、「二つの領域とは、一方は、神的な、聖なる、超自然的、キリスト教的な領域であり、他方はこの世的、俗的、自然的、非キリスト教的な領域である」〈187〉「しかしこのような考え方は、この対立がキリストの現実において根源的に一つとされていることを見誤っている[188]」と指摘し、キリストの存在そのものが、この二つの領域を一つに包み込んだところに成り立っていると指摘しています。ですから、世俗社会と分離された「神聖なるもの」を教会に求めるのは少し見当外れかもしれません。ボンヘッファーはさらに、現代という社会が「成人した社会[189]」になっており、神にその助けを求めるのは非キリスト教的であるとさえ主張し、この社会に対するキリスト者の責任について語っています。

⑨魂の救いか、社会の救いか

現代社会における教会の役割について、教会の働きは専ら個人の魂の救済に集中すべきであるという考えと、神の支配は世界の全領域に及ぶのだから、教会は社会における不正義や差別と闘うべきだという考えが対立しています。ドイツ教会闘争の中で明らかになったのは、教会が個人の魂の救済にのみ閉じこもるとき、敵対する社会は、教会とキリスト者の活動、そして人々の生活と生命そのものを押しつぶすということでした。

20世紀初頭に、アメリカのバプテスト教会の牧師・大学教授であるウォルター・ラウシェンブッシュは『キリスト教と社会の危機―社会を覚醒させた社会的福音[190]』という書物を出版して、教会の社会的責任を強く訴えました。彼は主として旧約聖書の預言者が社会全体と為政者に対する強い批判を発していることを論拠として、現代における教会の社会的責任を改めて訴え、彼の立場は「社会的福音」と呼称されました。この主張は一定の支持を集めつつありましたが、1917年のロシア革命を契機に、アメリカ社会内で反共思想が強まったことによって、次第に支持を失うことになりました。アメリカの教会を中心に、「教会の責任は個人の魂の救済にのみある」という風潮がその後も固定化し、戦後の日本のキリスト教にも一定の影響を持ってきたと考えられます。

社会的活動（社会福祉や平和活動）をしていれば教会の責任は果たされるという考えは偏っていると思われますが、一方「個人の魂の救済」にのみ教会の役割を限定するのは逆の意味での偏向であろうと考えられます。

⑩疑似キリスト教とカルト

もう一つキリスト教の姿を分かりにくくさせているのが、様々な一見「キリスト教のような」グループが存在していて、「どこまでがキリスト教か?」ということです。

特に2022年には安倍晋三元首相の殺害事件をきっかけにして、統一協会（世界基督教統一神霊協会、統一教会とも呼ばれる。2015年に世界平和統一家庭連合と改称）の実態が明るみに出され、政界との癒着、霊感商法など不当な訪問販売、国際勝共連合による国際的な陰謀などの活動が次々と報道されるに至りました。この集団は一般的に「反社会的カルト」とされ、暴力団同様の「反社会勢力」として一般に認識されるようになっていますが、統一「教会」という紛らわしい名称で呼ばれることもあるため、キリスト教の一派と間違われ、どのように違うのかがはっきりと分かりません。仏教と同じようにキリスト教にもいろいろなグループがあるのは言うまでもありませんが、キリスト教会が全体として「異端」[191]として一線を画している疑似キリスト教がいくつかあります。それは、統一協会、エホバの証人（ものみの塔）、モルモン教（末日聖徒イエス・キリスト教会）などです。最近出現しているものとしては、摂理、全能神、新天地などがあります。また、20世紀後半からアメリカで活発な活動を繰り広げてきた「人民寺院」というカルト集団は、1974年に南米のガイアナ共和国で熱帯雨林の土地を借り、「ジョーンズタウン」と呼ばれるコミューンを作りましたが、1978年11月18日、人民寺院を問題視して視察に訪れた下院議員ら数人を空港で殺害し、ジョーンズタウンにいた約900人の信徒全員が集団自殺しました。また、ごく最近ではケニアのカルト集団「グッドニューズ・インターナショナル」のメンバー数百人が「自殺をすればキリストに会える」という教祖の言葉を信じて集団餓死しました。

　これらの「異端」グループの特徴は、①「聖書」以外の経典を教義の基礎に用いていること、②（イエス・キリストあるいは神以外に）教祖をいただいていること、その教祖の教えが教団の根本になっていること、③三一神の教義および歴史的なキリスト論を否定していること、[192]④献金や奉仕、命さえも強制的に教団（教祖）に献げさせること、に集約することができます。

代表的な例を出しましょう。モルモン教は「末日聖徒イエス・キリスト教会」を名乗っていますが、聖書以外に『モルモン経典』を教えの根本としています。また、統一協会は文鮮明（ムン・ソンミョン）を教祖とし、イエス・キリストの宣教は失敗したもので、新たにメシアとして送られたのが文鮮明であり、メシアの現れる国が韓国であると説いています。そして、文鮮明の教えの実践として、特異な「合同結婚式」という結婚式を大規模に挙行し、文鮮明の「祝福」による神の子どもたちの大量生産を行っているのです。「初期には文鮮明自らが集めた青年男女をその場で指名し、後に参加者が増えてからは教会本部が参加者のカップリングを決定していた」[193]というのです。全く見知らぬ男女が強制的に「結婚」させられるのは、キリスト教の倫理から言えば完全な逸脱です。また、統一協会は、信者の実践として高価な大理石壺や印鑑を売りつけ、「先祖の罪を償う」と称して多額の金品を一般の人々から詐取するなど、社会的規範からも犯罪と言わざるを得ない行動を行わせています。さらに宣教の手法として、洗脳・マインドコントロールという方法をとり、多くの入信者を縛り付けています。これらの実践の犯罪性・反社会性は明白で、「反社会的カルト」と言われるのはもっともであろうと思います。仏教系の反社会的カルトである「オウム真理教」とも共通しています。

③について言うと、三一神の教義それ自体が古代教会の教理論争にまで遡る論点で、多くの正統キリスト教はこの教義を中心的な教えとしていますが、その解釈には幅があり、三一神の教義を否定しているからといって、必ずしも「異端」と言うことはできません。例えば古代において異端宣告を受けたネストリオスは、必ずしも異端と言うことはできず、現代においては他の諸教派と会談を行い、復権しているという事実があります。また、宗教改革を契機として様々な信仰箇条が作られ、それらの間で細部の違いを根拠として互いに「異端」呼ばわりしてきたことを振り返って、そうした偏狭な姿勢を改め、キリスト教における「多様性」を認め合うという態度が必要でしょう。現代における「反社会的カルト」の問題点は、それぞれの特異な教義に基づいて、反社会的な宣教実践を行っていることに求めなければなりません。そういう意味では、「異端」に含めることはできませんが、様々な社会的争点（ＬＧＢＴＱ問題や家族制度、他宗教との対話、人種差別など）に対するリベラルな主張を退け、保守的な主張を場合によっては銃を取ってでも貫こうとするアメリカ合衆国のキリスト教右派やトランプ元大統領支持グループ（ＭＡＧＡ）の実践は、正統なキリスト教から大きく逸脱した危険な動きであると言わざるをえません。彼らはまた不法なパレスチナ侵略と入植活動（土地収奪）を続ける現代イスラエルのシオニストたちの軍事支配を熱烈に支持しています。

このようにキリスト教は多様な教派、教義、傾向を保持しながら、発展の途上で、古代教会からの伝統、[194]歴史的信条（使徒信条やニカイア信条）を参照し、逸脱の防止手段としてきました。

したがって、多くの主流派教会は、礼拝の中で歴史的信条[195]や主の祈りを唱えているのです。

注釈

〈1〉北イスラエルの中心地の一つサマリア地方の女性と強制移民の結果住みついたアッシリアの男性の間に生まれた子孫はサマリア人と呼ばれ、モーセの五書のみを経典とするサマリア教という独自の信仰を持っていたと言われます。新約聖書に描かれているサマリア人がユダヤ人によって差別されているのはそうした事情のためです。

〈2〉聖書によれば、処女マリアに聖霊が下って、幼子が生まれたとされています（処女降誕）。

〈3〉イエスの時代のユダヤ教の諸潮流を整理すると次のようになります。

［サドカイ派］サドカイ派はエルサレムの貴族階級で、大祭司の大半はサドカイ派でした。保守的で、ローマ帝国とのつながりが強く、死者の復活を否定することからファリサイ派と対立。また、預言書、諸書、口伝律法を認めず、トーラー（モーセ五書・旧約聖書の最初の五書で、モーセが記したとされていた）のみを権威として認めました。70年の神殿崩壊後、神殿礼拝を中心としていた彼らのグループは絶えることになりました。

［ファリサイ派］律法学者や書記たちが主流となっていました。語源の「ファリサイ」は、ヘブライ語の「ペルシーム」という言葉から由来し、その意味は「分離者」です。当時、既存の変質してしまったユダヤ教の者たちから離れることを宣言したからです。特徴としては、安息日の遵守、週に何回断食をするなどのユダヤ教の律法や掟を重んじ、実践することを主張しました。紀元後70年以後、ファリサイ派が現代に至るユダヤ教の主流となりました。

［エッセネ派］アラム語で「敬虔な人々」という意味と解釈されています。存在が確認できるのは紀元前150年から紀元後70年の期間。主な特徴は、財産の放棄、独身主義、律法・預言者についての熱心な学習、厳格な安息日遵守、頻繁な沐浴、厳しく規則づけられた日課、位階序列に従った聖餐などが挙げられ、中心的な集団は、修道院的な共同生活を営んでいました。思想はファリサイ派に近いが、死者の復活を否定するなどの相違点があります。イエスに洗礼を授けたとされる洗礼者ヨハネはこのグループに近いとされています。

〈4〉古代イスラエルでは、民の指導者は任職の時に頭から油を注がれました。

〈5〉福音書や手紙などを含む聖書の構成や成り立ちについては、3章で詳しく述べることにします。

〈6〉グレゴリオ暦とは、ローマ教皇グレゴリウス13世がユリウス暦の改良を命じ、1582年10月15日から用いられている歴法であり、ローマ・カトリックおよび西方教会の伝統に属するプロテスタント教会は、グレゴリオ暦によって教会暦を決めています。それ以前に用いられていたユリウス暦は、ユリウス・カエサルによって紀元前45年から用いられている暦法で、精度に問題があり、128年で1日のずれが生じるため、グレゴリオ暦が用いられるようになりました。

〈7〉12人の弟子は次の通りです：ペトロと呼ばれるシモンとその兄弟アンデレ、ゼベダイの子ヤコブとその兄弟ヨハネ、フィリポとバルトロマイ、トマスと徴税人のマタイ、アルファイの子ヤコブとタダイ、熱心党のシモン、それにイエスを裏切ったイスカリオテのユダ。これらの弟子たちは男性ですが、イエスの宣教活動に付き従って大きな働きをした女性の弟子たち（マグダラのマリア、ベタニアのマリアとマルタなど）もいます。

〈8〉ヘブライ語聖書は、律法（トーラー）、預言書（ネビイーム）、諸書（ケスビーム）に分類され、それらの頭文字をとって「タナハ」と呼ばれます。

〈9〉旧約聖書の39文書は次の通りです（聖書協会共同訳による）

【モーセ五書】創世記、出エジプト記、レビ記、民数記、申命記

【歴史書】ヨシュア記、士師記、ルツ記、サムエル記上、サムエル記下、列王記上、列王記下、歴代誌上、歴代誌下、エズラ記、ネヘミヤ記、エステル記

【諸書】ヨブ記、詩編、箴言、コヘレトの言葉、雅歌

【預言書】イザヤ書、エレミヤ書、哀歌、エゼキエル書、ダニエル書、ホセア書、ヨエル書、アモス書、オバデヤ書、ヨナ書、ミカ書、ナホム書、ハバクク書、ゼファニヤ書、ハガイ書、ゼカリヤ書、マラキ書

〈10〉外典といって、正典化の過程で聖書に含まれないことが決定された福音書が複数あります。ヤコブ原福音書、ペテロ福音書などです。『新約聖書外典』（荒井献編、講談社文芸文庫）などで読むことができます。

〈11〉このような偏向は、グノーシス的異端とされます。グノーシスとはギリシア語で「知識」「認識」を意味する言葉ですが、宗教思想としてのグノーシスの特徴は善悪二元論にあります。悪の充満するこの世を創造した神（デミウルゴス）は劣った神であり、人間の魂はこの肉体という牢獄の中に閉じ込められており、光の世界にいる至高神を「認識」することによってこの牢獄から解放され、救済者によって光の世界に導かれるという救済論を説いています。宗教思想としては、キリスト教に入り込んだグノーシス以外にも、様々な変種が存在します。

〈12〉ムラトリ断片に記載されていた文書は次の通りです。
マタイによる福音書／マルコによる福音書／ルカによる福音書／ヨハネによる福音書／使徒言行録／コリントの信徒への手紙一／コリントの信徒への手紙二／ガラテヤの信徒への手紙／ローマの信徒への手紙／エフェソの信徒への手紙／フィリピの信徒への手紙
コロサイの信徒への手紙／テサロニケの信徒への手紙一／テサロニケの信徒への手紙二
フィレモンへの手紙／テトスへの手紙／テモテへの手紙一／テモテへの手紙二
ユダの手紙／ヨハネの手紙（2通）／ソロモンの知恵（旧約聖書の外典）／ヨハネの黙示録

〈13〉アタナシオス（295頃〜373）は、ニカイア公会議で活躍したアレキサンドリアの司祭。三一神論を定義づけた「アタナシオス信経」で知られます。

〈14〉最終的に新約聖書正典として確定された27文書は次の通りです（同じく聖書協会共同訳による）。
【福音書】マタイによる福音書、マルコによる福音書、ルカによる福音書、ヨハネによる福音書
【使徒言行録】使徒言行録
【手紙】ローマの信徒への手紙、コリントの信徒への手紙一、コリントの信徒への手紙二、ガラテヤの信徒への手紙、エフェソの信徒への手紙、フィリピの信徒への手紙、コロサイの信徒への手紙、テサロニケの信徒への手紙一、テサロニケの信徒への手紙二、テモテへの手紙一、テモテへの手紙二、テトスへの手紙、フィレモンへの手紙、ヘブライ人への手紙、ヤコブの手紙、ペトロの手紙一、ペトロの手紙二、ヨハネの手紙一、ヨハネの手紙二、ヨハネの手紙三、ユダの手紙

【黙示録】ヨハネの黙示録

〈15〉ミラノの勅令の内容は、良心の完全な自由の宣言、キリスト教の帝国内の他宗教との法的平等の保障、迫害で没収されたキリスト教徒や教会の財産の返還、などを骨子としました。

〈16〉もともと「普遍的な」「包括的な」という意味で、5世紀の神学者レランスのウィンケンティウスはすべての場所で、あらゆる時代にすべての人によって信じられていることであると定義しました。

〈17〉典礼の執行者の人的資格を強調する立場を「人功論（ラテン語でex opere operantis）」と呼び、執行された典礼の客観的有効性を主張する立場を「事功論（ex opere operato）」と言います。

〈18〉ヒッポのアウグスティヌスは、5世紀に北アフリカのヒッポという町の主教として活躍し、①マニ教論駁、②ドナティスト批判、③ペラギウス論争など、キリスト教の教えの根本に関わる論争を通じて、ローマ・カトリックの基本的な教理の確立に貢献しました。また、三位一体論、サクラメント（秘蹟）論においても大きく貢献しました。

〈19〉異端とされる教説は、ほぼすべて論敵である「正統派」によって伝えられたものです。

〈20〉「三一神」は、生まれたばかりのキリスト教においては定式化されておらず、したがって新約聖書にも明確な記述はありません。ただ、マタイによる福音書第28章19節に「あなた方は行って、すべての民を弟子にしなさい。彼らに父と子と聖霊の名によって洗礼を授け……」というイエスのものとされる言葉が記されています。しかし、これは後代の教会が付け加えたものであるというのが最近の定説です。また、ヨハネ福音書第16章と第17章には聖霊の働きについてイエスが語っている言葉が多く、神とイエス、聖霊の一体性が語られています。ギリシア・ローマ世界にキリスト教が進出する過程で、ギリシア哲学の思考様式が取り入れられ、定式化されたと思われます。

〈21〉この会議で採択された信条は「原ニカイア信条」とも呼ばれ、後にコンスタンティノポリス公会議で修正を受けます。「原ニカイア信条」は次の通りです。

「われらは全能の父なる唯一の神、すべて見えるものと見えざるものとの造り主を信ず。また、唯一の主、イエス・キリストを信ず。彼は神のみ子、御父より生まれたる独り子、すなわち御父の本質より出でしもの、神よりの神、光よりの光、まことの神よりのまことの神、造られずして生まれしもの、御父と同質にして、天にあるもの、地にあるもの、すべてのものは御子によりて造られたり。御子はわれら人類のため、また、われらの救いのためにくだり、肉体をとりて、人となり、苦しみを受け、三日目に復活し、天に昇り、生けるものと死にたる者とを裁くために来たりたまわん。また、聖霊を信ず。されど、御子の在さざりし時あり、生まれざる先には在らざりきと言い、また、在らざるものより出で、神の子は異なる存在もしくは本質に由来し、造られしものなり、変化し、変異すなり、という者あらば、かかる者らを公同の使徒的教会は、呪うべし」（渡辺信夫『古代教会の信仰告白』新教出版社、pp・120―121）。このように、原ニカイア信条には、アレイオス派に対する呪詛の文言が含まれています。

〈22〉現在の「ニケヤ信経」は次のようになっています（聖公会訳）。

「わたしたちは、唯一の神、全能の父、天地とすべて見えるものと見えないものの造り主を信じます。また、世々の先に父から生まれた独り子・主イエス・キリストを信じます。主は神よりの神、光よりの光、まことの神よりのまことの神、造られず、生まれ、父と一体です。すべてのものは主によって造られました。主はわたしたち人類のため、またわたしたちを救うために天から降り、聖霊によっておとめマリヤから肉体を受け、人となり、ポンテオ・ピラトのもとで、わたしたちのために十字架につけられ、苦しみを受け、死んで葬られ、聖書にあるとおり三日目によみがえり、天に昇り、父の右に座しておられます。また、生きている人と死んだ人とを審くため、栄光のうちに再び来られます。その国は終わることがありません。また、主なる聖霊を信じます。聖霊は命の与え主、父と子から出られ、父と子とともに拝みあがめられ、預言者によって語られた主です。また、使徒たちからの唯一の聖なる公会を信じます。罪の赦しのための唯一の洗礼を信認し、死者のよみがえりと来世の命を待ち望みます　アーメン」

〈23〉ネストリオス：381年頃〜451年頃。アンティオキアで教育を受け、コンスタンティノポリスの総主教に選出されていました。

〈24〉アポリナリオス：315年頃～392年頃。受肉した（人となった）ロゴス（神の言葉）であるキリストの神性を強調。キリストは人間として肉体と魂を有するが、魂でなくロゴスこそがキリストの本質であると説きました。そのためキリストの真の人性を否定する教説だとして381年のコンスタンティノポリス公会議で断罪されました。

〈25〉これに対して、ギリシア正教などの東方正教会は、「イースタン・オーソドックス」と呼ばれます。

〈26〉世界最初のキリスト教徒の王の国と言われます。ユダヤ教的キリスト教の影響が強く存在しました。217年にローマによって滅ぼされます。宣教師アッダイが有名。

〈27〉ニシビスは小アジア南東部にあった古代の城市。現トルコのヌサイビン。前2世紀頃にはアルメニア王の居城でしたが、古くから戦略上および商業、東西交通の要衝であったために、この地をめぐってローマ帝国とパルティア帝国との間にたびたび激戦が繰返されました。やがてネストリウス派およびヤコブ派（単性論）の中心地となり，5世紀にはササン朝ペルシアによって、640年にはアラブによって占領されました。

〈28〉Philip Jenkins, *The Last History of Christianity*, 2008, p.61

〈29〉トルクメニスタン共和国にあるオアシス都市。現在の名称はマリ。シルクロード沿いに位置し、その後、マルギアーナのアレキサンドリアと命名されました。

〈30〉Ibid., pp.45-46

〈31〉Ibid., p.63

〈32〉彼ら自身は「ネストリオス」という名称を用いていません。

〈33〉Ibid., pp.66-67

〈34〉「コプト」という語の語源は「エジプト」です。

〈35〉Ibid., p.55

〈36〉Ibid., p.55

〈37〉三代川寛子編『東方キリスト教諸教会―研究案内と基礎データ』（明石書店、2017）：Philip Jenkins, *The*

〈38〉*Lost History of Christianity*, 2008：『中東キリスト教の歴史』（中東教会協議会、１９９３）によります。

〈39〉ローマ・カトリックではミサ、プロテスタントでは一般に聖餐式、主の晩餐と呼ばれるキリスト教の礼拝の中心的部分。教派を超えて呼ばれるときは、「ユーカリスト」と呼ばれることが一般的。イエス・キリストの血と肉を表すパンとぶどう酒が祈りによってその通りになるのですが、その変化の様式やあり方についての神学は、教派によって大きく異なります。後の宗教改革では論争の核心となります。

〈40〉ドイツ（神聖ローマ帝国）皇帝は選挙権を有する「選帝侯」によって選挙で選ばれます。

〈41〉告白者とも訳します。弾圧を生き延びて信仰を守った者、後に信仰の模範となった人物も示すようになります。

〈42〉現在のイギリスは正式名称を「グレートブリテン及び北アイルランド連合王国（United Kingdom of Great Britain and Northern Ireland：略称ＵＫ）」と言います。そして、グレートブリテン島には、イングランドとスコットランド、ウェールズという三つの「国」があり、アイルランドにはイングランドから独立し、英連邦からも離脱したアイルランド共和国(アイレ)があります。北アイルランドの6州だけがＵＫに留まっています。イングランドという国名が使われ始めたのは10世紀、アングロ・サクソンのウェセックスのアゼルスタン王によるもので、それ以前には七つの王国が割拠していました。そして、様々な民族の襲来によって、これらの島々の政治や民族構成は大きな変化を被ります。ですから、現在ＵＫと呼ばれている国とアイルランド共和国を合わせた古来の地理的名称は「ブリテン諸島」（アイルランドを除けばブリテン島）と呼ぶのが適当でしょう。
これらの民族は18世紀以降、言語学的研究の結果、および古代文明に対するロマン主義的憧憬によって、古代において大陸から大規模にブリテン諸島に移住したケルト民族の末裔と考えられてきました。その結果、彼らは「島のケルト」として一括して論じられ、それが通説化してきました。しかし、特に最近の考古学的研究によって、これらの諸民族の間には直接の関係は存在せず、大陸からの民族移動の事実も認められないとする有力な反論が提出されています（田中美穂、ブライアン・サイクス、Ｊ・コリス）。本書では、通説化していたいわゆる「ケルト人」という表現をとらず、それぞれが古代において呼ばれていた呼称を採用します。ただし、「ケルト十字」「ケルト系修道院」など、これまである程度定着してきた言葉に限り、限定的に使用することにします。

〈43〉八代崇『新・カンタベリー物語』（聖公会出版、1987）pp・26―27

〈44〉前掲書pp・28―29

〈45〉現在、ウクライナの首都である「キエフ」はウクライナ語読みで「キーウ」と表記するようになっていますが、伝統的には「キエフ」と表記することが一般的であり、特に歴史的な文脈では「キエフ」と表記するため、本書ではそれに倣っています。

〈46〉これを「ヴァリヤーグ招致伝承」と呼んでいます（國本哲男、山口巖、中條直樹訳『ロシア原初年代記』名古屋大学出版会、1987、pp・18―19）。なお、熊野聰『ヴァイキングの歴史』（創元社、2017）のpp・20―22にも、同じ資料が現代人に分かりやすく解説されています。

〈47〉『ヴァイキングの歴史』p・22

〈48〉前掲書p・23

〈49〉『ロシア原初年代記』pp・121―122

〈50〉16世紀初頭に修道僧フィロフェイによって提唱された観念。第一のローマは滅び、第二のローマであるコンスタンティノポリスも滅び、モスクワこそが第三のローマとしてキリスト教世界（正教世界）の中心であると主張しました。1589年、コンスタンティノポリス総主教エレミアス二世が署名した文書には、「第三のローマたるあなたの偉大なるロシア王国は敬虔においてすべての王国を凌いでいる」と記されています（廣岡正久『ロシア正教の千年』講談社、2020）。

〈51〉高橋保行『知られていなかったキリスト教』（教文館、1998）p・22

〈52〉『ロシア正教の千年』pp・95―96

〈53〉ニーコンの礼拝改革の動機や意味合いは明確になっていませんが、伝えられているのは「アリルイヤ（ハレルヤ）」を二度ではなく三度唱えるとか、十字を二本指ではなく三本指で切ることを重視しているなどです。しかし実際には、ロシア正教が東方世界で唯一の正統性を保持するのか、他の正教と同等の関係を持つのかという重大な問題に関わっていたと考えられます。

〈54〉アルメニア使徒教会は、354年の教会会議でアリウス主義と同時に単性論を異端として退けましたが、ローマにもコンスタンティノポリスにも属さない教会です。301年にティリダテス三世の時代にキリスト教は国教とされ、アルメニア使徒教会は現在も自国および世界各地で活動を続けています。
〈55〉『東方キリスト教の世界』pp・215―216参照
〈56〉福嶋千穂『ブレスト教会合同』(群像社、2015)pp・15―35参照
〈57〉ユダヤ教の重要な祭りの一つで、イスラエルの民が神によってエジプトから救い出されたことを祝います。ヘブライ語ではペサハと言います。エジプト人の長子と家畜の初子を滅ぼした神の使いが、イスラエル人の家を「過ぎ越し」たことに基づいた名称。ニサンの月の14日(太陽暦では3月末から4月初め頃)に子羊を屠って焼き、種なしパンとともに食して祝いました。初代のキリスト教会はキリストご自身をこの犠牲の子羊とみなし、十字架上での死と復活の出来事を重ね合わせて「復活祭」を祝いました。
〈58〉神を表すアラビア語。旧約聖書に出てくるヘブライ語の神名ヤハウェと同じと考えられます。
〈59〉聖書のガブリエルと同じ。
〈60〉カレン・アームストロング著、小林朋則訳『イスラームの歴史』(中公新書、2017)p・109
〈61〉菊地榮三、菊地伸二著『キリスト教史』(教文館、2005)pp・222―225参照
〈62〉『キリスト教史』pp・227―229、pp・244―245参照
〈63〉本書第一章のイスラエルの歴史に見る「バビロン捕囚」を参照のこと。
〈64〉『キリスト教史』pp・246―248
〈65〉国家を君主の私的財産と考える国家観。
〈66〉*Wycliffe and the Lollards*, J.C. Carrick, 1908, Bibliolife, Chapter XIII
〈67〉ロラード派(英:Lollards)あるいはロラード主義(英:Lollardy)は、14世紀中頃から宗教改革の時代にかけて、イングランドで起こった政治的かつ宗教的な運動のこと。ウィクリフの教えを受け継ぎ、ローマ・カトリック教会の改革を要求しました。ウィクリフが中心になって翻訳した英訳聖書に基づいて全国を巡回して説教した

ため、ロラード（学問的素養に乏しい者、つまり英語のみで教育された者のことをいう一般的な蔑称）と呼ばれました。

〈68〉新プラトン主義を提唱。彼の流出説は東方キリスト教の三一神論に大きな影響を与えます。

〈69〉人間の魂がいかにして神に至るかを論じた5～6世紀頃のシリアの神学者。『天上位階論』『教会位階論』『神名論』『神秘神学』の四つの著作および10通の『書簡集』からなる偽ディオニシオス文書群の作者とされます。

〈70〉1526年の神聖ローマ帝国議会で、絶対的に優勢なカトリック勢力がルター派領内でのカトリック礼拝の保障などルター派に脅威となる決議を行うと、ルター派の諸侯と14の都市代表がこの決議に対して「抗議protest」を行ったため、改革勢力は「プロテスタント」と呼ばれることになりました。福音主義者とは改革勢力の総称であって、現代において使われる「福音派」という呼称とは異なっています。

〈71〉出村彰『総説キリスト教史2宗教改革篇』（日本キリスト教団出版局、2006）p・39

〈72〉人間の自由意志と神の主権の間には様々な意見が生じました。人間の自由意志をめぐって、人文主義者のエラスムスとルターの間には大きな溝ができました。エラスムスは自由意志の重要性を強調し、『自由意志論（De Libero Arbitrio）』（1524）を著したのに対して、ルターは『奴隷意志論（De Servo Artirio）』（1525）を著してそれに対抗しました。

〈73〉聖餐制定語（制定辞）とは、新約聖書の中でイエス・キリストが聖餐について言及した箇所のことで、マタイ・マルコ・ルカの三福音書（共観福音書）、およびコリントの信徒への手紙一の当該箇所です。外見上のパンとぶどう酒がこれらの言葉によってイエス・キリストの肉と血を表すようになるという典礼上の奇跡がどのようにして起こるのかをめぐって、ローマ・カトリックとプロテスタントとの間には大きな溝がありました。

〈74〉『キリスト教史』p・289

〈75〉『総説キリスト教史2』pp・86—89参照

〈76〉『キリスト教史』pp・292—293参照

〈77〉前掲書p・294参照

〈78〉前掲書pp・２９５―２９６参照

〈79〉聖餐（ユーカリスト）において、イエス・キリストの体と血を表す「パンとぶどう酒」の両方を信徒に配ることを「両種陪餐」「二種陪餐」と言います。ローマ・カトリックは一般の信徒にはパンのみを配る「一種陪餐」しか認めていませんでした。

〈80〉長老派はローマ・カトリックやイングランド教会のような主教制を否定し、長老制を主張します。「長老制の特色は段階的合議制にある。すなわち、各個の会衆から選ばれた信徒代表は牧師職と共に長老会（小会）を構成し、いくつかの長老会から、さらに地域を代表する会議体（中会）が形成され、最終的には全国的組織（大会）となる」（『岩波キリスト教辞典』より）。

〈81〉R・ブラウンらが国教会から離脱して結成しました。アメリカに渡ったピューリタンの主力は会衆派でした。

〈82〉１６３９年と１６４０年の二度にわたってイングランドとスコットランドの間で戦われた戦争は主教制をめぐる宗教戦争であったため、主教戦争（Bishops' Wars）と呼ばれます。１６３８年に貴族と聖職者の間で長老主義を掲げた「国民契約」が結ばれ、この戦争は二度ともスコットランド側の勝利に終わり、ピューリタン革命の原因の一つとなりました（近藤和彦『イギリス史10講』岩波新書、２０１３、第5講）。

〈83〉『キリスト教史』p・３２９参照

〈84〉八代崇『新・カンタベリー物語』p・１１９

〈85〉大木英夫『ピューリタン―近代化の精神構造』（中央公論新社、１９６８）pp・１６８―１６９

〈86〉ジェームズ二世（スコットランドではジェームズ七世）、およびその直系男子ジェームス・エドワードの復位を要求した人々がおり、「ジャコバイト（ジェームズ派）」と呼ばれました。ジャコバイトによる反乱はイングランドでは挫折し、スコットランドのハイランド地方において１６８９年から約50年間にわたって戦われました。中でも１７１５年の蜂起は、スチュアート朝を引き継いだハノーヴァー朝のジェームズ一世（彼は血縁関係ではスチュアート朝と結びついていましたが、生まれも育ちもドイツ人で、ハノーヴァー王国の君主でもありました）に対する反感とも結びついて一時はスコットランド北部を制圧するほどの広がりを見せましたが、やがて主力はイングランド軍に降伏しました。
〈87〉メソジスト（methodist）というのは、もともとウェスレーらが結成していた「神聖クラブ」の活動が極めて几帳面であったため「几帳面屋」を意味するメソジストというあだ名で呼ばれたことに基きます。
〈88〉ニューマンは後にローマ・カトリックに改宗し、枢機卿に選ばれました。
〈89〉セクトとは、マックス・ウェーバーとエルンスト・トレルチによって「社会に対し、強硬的かつ断絶的な姿勢を持つラジカルな宗教集団」と定義されました。
〈90〉倉塚平、他編訳『宗教改革急進派―ラディカル・リフォーメーションの思想と行動』（ヨルダン社、１９７２）「ラディカル・リフォーメーション研究史」倉塚平、p・12
〈91〉世界の終わりには、正しい人のみが復活して暮らす神の国が千年続くという教説。
〈92〉アーミッシュと呼ばれる人々は、現代の物質文明を拒否し、快楽を忌避し、移民当時の生活様式を守っています。
〈93〉『キリスト教史』p・３３７
〈94〉『キリスト教史』pp・３３７―３４１
〈95〉宗教改革以降、カトリックの「義化」とプロテスタントの「義認」とは、決定的な相違と見なされてきましたが、今日では両者の対話と研究の結果、表現や強調点の違いがあっても、両者の見解は根本的にはほとんど変わらないと考えています。１９９９年にローマ・カトリック教会とルーテル世界連盟の間で「義認の教理に関する共同宣言」が調印されています（『義認の教理に関する共同宣言』教文館、２００４）。
〈96〉『キリスト教史』p・３４５
〈97〉『キリスト教史』pp・３５０―３５８
〈98〉この報告書は、『インディアスの破壊についての簡潔な報告』と題されて、日本語でも翻訳出版（岩波文庫）されています。
〈99〉ラス・カサス著、染田秀藤訳『インディアスの破壊についての簡潔な報告』（岩波文庫、２０１３）pp・24―26
〈100〉「会衆派の本格的成立は16世紀中頃の英国に遡る。エリザベス一世の「宗教解決」に不満を抱き英国教会から分離したR・ブラウンらは、罪に自覚的なキリスト者によって構成される真の集められた教会は、神との契約の下に国家から独立し、個々の地方教会もそれぞれが独立する完全な自治体であり、職制は新約聖書が支持する牧師、長老、教師、執事によって担われるという会衆派の精神を宣言した」（『岩波キリスト教辞典』より）。

〈101〉和田光弘『植民地から建国へ』（岩波新書、2019）第1章

〈102〉植民地はイギリス本国の議会に代表権を持っていませんでした。

〈103〉ワシントンはバージニアのアレキサンドリア・クライストチャーチ（イングランド教会）に属する執事でした。イングランド教会はイングランドに忠誠を誓う信徒と独立軍を支持する愛国派に分かれていました。しかし、トマス・ジェファーソンをはじめ、独立戦争の指導者の中には、イングランド教会に属する人々も多く存在しました。

〈104〉前掲書pp・107―108

〈105〉クェーカー教徒（キリスト友会）は、17世紀にピューリタン革命の中で生まれた教派で、集会において聖霊によって震えることから、「震える人々」を意味するクェーカーと呼ばれました。「この派の特徴は、制度や礼拝様式、教理などに力点を置かず、〈教会〉でなく〈集会〉を持ち、またすべての人の内に常に働く神の力〈内なる光〉を信仰の根拠とする点にある。人間の尊厳や根源的平等、兵役拒否、絶対平和主義などの主張や運動はここに由来する」（岩波キリスト教辞典）。

〈106〉彼はクェーカー教徒であるにもかかわらず、ワシントンからの信任があつく、南部方面軍を任されて活躍し、「戦うクェーカー教徒」と呼ばれました。（和田光弘『植民地から建国へ』（岩波新書、2019）p・129

〈107〉野田宣雄『ドイツ教養市民層の歴史』（講談社学術文庫、1997）p・163

〈108〉菊地榮三、菊地伸二著、『キリスト教史』（教文館、2005）p・411

〈109〉『キリスト教史』p・411

〈110〉H・リチャード・ニーバー著、柴田史子訳『アメリカ型キリスト教の社会的起源』（ヨルダン社、1984）p・128

〈111〉前掲書p・129
〈112〉紀平英作編『アメリカ史・上』（山川出版社、2019）pp・156—157
〈113〉前掲書p・157
〈114〉前掲書p・175
〈115〉前掲書p・196
〈116〉前掲書p・197
〈117〉前掲書p・198
〈118〉前掲書p・204
〈119〉『キリスト教史』p・413
〈120〉栗林輝夫他『総説キリスト教史3近・現代篇』（日本キリスト教団出版局、2007）p・110
〈121〉ジェームズ・バー著、喜田川信、他訳、『ファンダメンタリズム—その聖書解釈と教理』（ヨルダン社、1982）p・27
〈122〉ディスペンセーショナリズムは、アイルランド教会の司祭（後にプリマス・ブレズレンを組織）であるJ・N・ダービー（1800—82）が発展させたとされます。イギリスからアメリカに渡り、日本のキリスト者にも影響を与えました。
〈123〉「創造博物館」はケンタッキー州ブーン郡ピーターズバーグに2007年に建てられた博物館。キリスト教布教団体アンサーズ・イン・ジェネシス（Answers in Genesis）が設立しました。
〈124〉橋爪大三郎『アメリカの教会』（光文社新書、2022）p・336に掲載の「アメリカ合衆国におけるキリスト教の教会の数の推移（宗派別）」を参照しました。
〈125〉ユグノーという名称の語源は、スイスにおいてサヴォワ公に反対した「連合派（Eidgenossen）」に由来すると言われ、フランスにおけるカルヴァン派に対する蔑称として用いられました。
〈126〉サン・バルテルミ（聖バルトロマイ）の祝日の前夜（8月23日）に、貴族ギーズの軍隊が婚姻の祝宴に集まっていたユグノー貴族を大規模に虐殺したことからこの名称で呼ばれます。

〈127〉松本宣郎編『キリスト教の歴史1―初期キリスト教～宗教改革』（山川出版社、２００９）pp・２５８―５６３

〈128〉理神論（Deism）は17世紀末から18世紀にかけてイングランドの思想家たちが主張した自然宗教。民衆を迷信から解放する合理的宗教を目指しました。イングランドでは大きな力を持たず、フランスの百科全書派に大きな影響を与えました。また、アメリカ独立戦争期の思想家にも受容されました。

〈129〉高柳俊一・松本宣郎編『キリスト教の歴史2―宗教改革以降』（山川出版社、２００９）pp・86―87参照

〈130〉安達正勝『物語フランス革命―バスチーユ陥落からナポレオン戴冠まで』（中公新書、２０１２）（Ｋｉｎｄｌｅの位置Ｎｏ・２５２７―２５２９）

〈131〉前掲書pp・２５９―２６０

〈132〉『キリスト教の歴史２―宗教改革以降』ｐ・89

〈133〉前掲書pp・90―91

〈134〉前掲書ｐ・１２４

〈135〉前掲書pp・１２４―１２５

〈136〉ナチNaziとは「ドイツ国民社会主義労働者党Nationalsozialistische Deutsche Arbeiterpartei（ＮＳＤＡＰ）」のことで、１９１９年にドイツ労働者党（ＤＡＰ）として結成され、のちにアドルフ・ヒットラーが総統を務め、１９４５年にドイツが敗戦を迎えるまでドイツの政権を担いました。第二次世界大戦の最大の要因は、ナチス・ドイツの拡張主義にありました。

〈137〉『キリスト教の歴史２―宗教改革以降』ｐ・１２５

〈138〉カール・バルト（１８８６―１９６８）はスイスの神学者。１９２０年代から、世俗の流れに迎合する自由主義神学に反対し、神の絶対的超越性を強調する危機神学（弁証法神学）を提唱して「キリスト論的集中」を神学の中心的命題としました。

〈139〉ナチス支配下のドイツを「第三帝国」と呼びます。第一帝国は神聖ローマ帝国、第二帝国はプロイセン国王を

戴くドイツ帝国です。
〈140〉ボンヘッファーとともに教会闘争を闘ったE・ベートゲによる時期区分。宮田光雄編『ドイツ教会闘争の研究』（創文社、1986）p・312
〈141〉1707年にスコットランドおよびイングランドが合同してグレートブリテン王国を形成し、さらにグレートブリテン王国とアイルランド王国が統合して、グレートブリテン及びアイルランド連合王国が成立しました。アイルランド共和国が独立した現在は「グレートブリテン及び北アイルランド連合王国」（略称 United Kingdom=UK）が正式名称となります。19世紀（一部は18世紀）以降は、日本でよく使われている「イギリス」という国名を本書では用いることとします。
〈142〉ウィリアム・ユワート・グラッドストン（英語：William Ewart Gladstone、1809―1898年）は、イギリスの政治家。ヴィクトリア朝中期から後期にかけて、自由党を指導して、4度にわたり首相を務めました。
〈143〉欽差大臣とは、清朝において国家的危機にあたって皇帝から全権を付与される官吏です。
〈144〉宮本正興、松田素二編『新書アフリカ史』（講談社現代新書、1997年）p・280
〈145〉この国は、ナイルの源流にある黒人王国ヴガンダを示しています。
〈146〉『新書アフリカ史』p・306
〈147〉ケープ・オランダ語のこと。なお、先に植民したオランダ系の人々は「ボーア人」と呼ばれます。
〈148〉『新書アフリカ史』pp・354―373
〈149〉前掲書pp・374―378
〈150〉前掲書p・378
〈151〉「真実和解委員会」とは、独裁政治や内戦や人種差別など公権力や軍事力により、あるいは政府の機関と在野の組織との間におけるテロリズムなどの暴力の応酬などにより、かつて人々の生命や自由などに対する深刻な人権侵害が生じた過去の歴史を抱える国々が、そういった過去の過誤を発見・公表することで、人々の間に過去から積み重なった軋轢を解決するために、それぞれの国ごとに設置された同種の委員会などを呼ぶ総称

（Wikipedia）です。

〈152〉『キリスト教の歴史2—宗教改革以降』pp・206—207

〈153〉朝鮮半島には1392年から1897年まで李氏朝鮮が存在していましたが、中国・清朝の冊封体制の中に組み入れられていました。これ以降、朝鮮王朝は日本帝国主義、清朝、ロシアなど帝国主義列強の争奪の的となり、1910年から1945年までは、日本の植民地支配下に置かれました。本書では基本的に1945年までは「朝鮮」と呼び、1945年以降は特に半島南部については「韓国」と呼称することにします。なお、後述の徐正敏は、一貫して「韓国」という言葉を使っています。

〈154〉徐正敏『韓国キリスト教史概論』（かんよう出版、2012）

〈155〉前掲書p・16

〈156〉前掲書p・17

〈157〉1951年のWCC中央委員会による定義。

〈158〉教会の再一致とは、大きな教派が小さな教派を吸収合併したり、「スーパーチャーチ」とも言える上部組織の命令によって一つの動きをしたりするといったものではありません。そうではなく、時間をかけた対話によって教派間の相違の克服と協力関係を生み出すことなのです。

〈159〉神田健次「エキュメニズムと宣教論」（p・87『総説実践神学』所収、日本基督教団出版局、1989）

〈160〉職制（ministry）とは、「職務」とも訳され、形式面では司教（主教）—司祭—執事といった職務の形成と内容に触れる問題で、各教派の間で明確な違いが表れているところと言えます。

〈161〉前掲書p・87

〈162〉WCCの形成については、前掲書p・87

〈163〉前掲書pp・96—97

〈164〉前掲書p・99

〈165〉前掲書pp・99—100

〈166〉ジョン・ストット著、宇田進訳『ローザンヌ誓約—解説と注釈』（いのちのことば社、１９７６）p・53
〈167〉ヨーロッパのキリスト教の中心であると考えられているイギリスやドイツでも、日曜日の教会礼拝出席率は数パーセントに過ぎないと報道されています。アメリカ合衆国は例外的に熱心な信仰を持つ人々が多いのですが、その中ではファンダメンタルで宗教右派と呼ばれるグループの割合が高いと言われています。
〈168〉*The New Faces of Christianity - Believing the Bible in the Global South*, Philip Jenkins, Oxford University Press, 2006, p.9
〈169〉Ibid., p.9
〈170〉Ibid., p.4
〈171〉Ibid., p.4
〈172〉Ibid., p.4
〈173〉石川照子、桐藤薫、倉田明子、松谷曄介、渡辺祐子『はじめての中国キリスト教史』（かんよう出版、２０１６）pp・１９２—２０３
〈174〉前掲書pp・２１４—２１５
〈175〉聖書協会共同訳・旧約聖書サムエル記上15：２—３
〈176〉聖書協会共同訳・新約聖書マタイによる福音書９：13
〈177〉「シオニスト」というのは、「シオンに還る」というスローガンの下に世界のユダヤ人をイスラエルに帰還させることを大事業としている原理主義的なユダヤ教徒たちで、現在のイスラエル政府の中心勢力です。現代のイスラエル国家は、憲法にあたる「帰還法」によって「ユダヤ人国家」と定められています。彼らは「パレスチナは神がユダヤ人に与えた土地である」ということを旧約聖書（ヘブライ語聖書）に基づいて主張しています。
〈178〉聖書協会共同訳・旧約聖書創世記第15章18—21節。他にも類似の文言がヘブライ聖書には多数認められます。
〈179〉Naim Stifan Ateek, *A Palestinian Theology of Liberation*, Orbis Bocks, 2017, p.57
〈180〉Ibid., xvi

〈181〉例えば、申命記24：14―15「同胞であれ、あなたの地で町の中にいる寄留者であれ、貧しく苦しんでいる雇い人を虐げてはならない。賃金はその日のうちに、日の沈む前に支払わなければならない。彼は貧しく、その賃金を当てにしているからである。彼があなたを主に訴えて、罪とされることのないようにしなさい」24：17―18「あなたは、寄留者や孤児の権利を侵してはならない。寡婦の衣服を質に取ってはならない。あなたはエジプトで奴隷であったが、あなたの神、主が、あなたをそこから救い出されたことを思い起こしなさい。それゆえ、私はあなたにこのことを行うように命じるのである」。

〈182〉Naim Stifan Ateek, *A Palestinian Theology of Liberation*, p.59-60

〈183〉Ibid., p.72

〈184〉同右。日本聖公会の聖餐式文で用いる「サンクトゥス」では、現在でも「聖なるかな、聖なるかな、聖なるかな、万軍の神、主の栄光は天地に満つ」となっています。この闘いは「霊の闘い」であるとの認識があるからです。

〈185〉マタイによる福音書5：9

〈186〉J・モルトマン著、喜田川信、他訳『十字架につけられた神』（新教出版社、１９７６）

〈187〉『ボンヘッファー選集4 現代キリスト教倫理』（新教出版社、１９７１）p・87

〈188〉前掲書p・89

〈189〉倉松功、森平太訳、森野善右衛門訳『ボンヘッファー選集5 抵抗と信従』（新教出版社、１９６４）p・２２８

〈190〉ウォルター・ラウシェンブッシュの出版１００周年を記念して２００７年に再出版がなされました。邦訳は山下慶親訳『キリスト教と社会の危機―社会を覚醒させた社会的福音』（新教出版社、２０１３）。

〈191〉異端（heresy）とは、正統（orthodox）の反対概念であり、正統教義からの逸脱を示しています。キリスト教の歴史では、数多くの異端が発生し、異端との闘いの中で正統キリスト教が成立していきます。しかし、異端というのは正統からの断定であり、実際に古代において異端とされるグループがどのような主張をしていたのかは分からないことが多いことにも留意しなければなりません。

〈192〉芦名定道、土井健司、辻学『［改訂新版］現代を生きるキリスト教―もうひとつの道から』（教文館、２００４）は、

「キリスト教とは何かということを外的メルクマールによって示すとするならば、正典、信仰告白、正統教義の三つによって一応の答えとすることができる」と述べています。

〈193〉櫻井義秀、中西尋子『統一教会―日本宣教の戦略と韓日祝福』（北海道大学出版会、２０１５）p・71

〈194〉伝統とは、古いものに固執するということではなく、現代に生き、将来へと生かされる共同体の働きを意味しています。

〈195〉一般的に歴史的信条とされているのは、使徒信条とニカイア・コンスタンティノポリス信条です。使徒信条（信経）は、古代教会の洗礼信条として用いられていたもので、8世紀頃にはローマでも用いられるようになりました。

〈196〉マリー・デニス、レニー・ゴールデン、スコット・ライト著、多ヶ谷有子訳『オスカル・ロメロ―エルサルバドルの殉教者』（聖公会出版、２００５）p・4

〈197〉前掲書p・4

〈198〉前掲書pp・38―39

〈199〉キリスト教基礎共同体（ＣＢＥ）はラテンアメリカにおいて、貧しい人々の間で形成された「解放の神学」の運動体のこと。聖書研究や生活の助け合い、軍事独裁政権への抵抗など、１９６８年の「メデジン司教会議」で高く評価されました。

おわりに

２０２２年の復活祭の折、ロシア正教のキリル総主教はプーチンの傍らに立ち、ウクライナ侵略を進めるプーチン・ロシア大統領を祝福して、全世界を驚かせました。キリルは核兵器さえ祝福したのです。「ロシア正教ってまともなキリスト教なの？」という声が人々の間に上がったのも無理からぬことでした。「愛の宗教」と言われているキリスト教が、今回のような軍事侵略を堂々と支持するとは一体どういうことでしょうか。しかも、侵略を受けているウクライナも、キリスト教国家なのです。また、ルーマニア正教会などの東方正教会もロシアのウクライナ侵略に抗議しています。ロシア正教の司祭の中にも、少数派ですがロシアの侵略を批判している人もいます。

しかし少し振り返ると、「キリスト教国」同士の戦争は珍しいことではありませんでした。20世紀には、日本や中国は別としても、イギリス、ドイツ、アメリカ、イタリアといった「キリスト教国」が互いに戦う2次にわたる「世界大戦」が起こりました。また、少し歴史を遡ると、キリスト教の教派の違いが戦争につながる「宗教戦争」とでも言うべき戦争が頻発しています。アメリカ合衆国という「キリスト教国」も、19世紀には南北戦争という同士討ちを経験していますし、開拓時代にはキリスト教の旗を掲げて先住民撲滅の戦争を繰り返しているのです。このような歴史的事実を見るとき、「キリスト教」あるいは「キリスト教国」と言っても、決してイエス・キリストの「愛」の教えを実行しているわけではなく、時の政治権力と結びついて、互いに戦争という手段に訴えていることが分かります。また、キリスト教そのものも実に様々な顔を持っている、つまり民族や教派の違いが存在しているということが分かります。それらを見分けるには、その生成から今日に至る歴史をある程度知っておく必要があると思うのは筆者だけではないと信じます。特に、キリスト教に馴染みの薄い日本の読者にとって、本書が助けとなることを願っています。筆者の経験が影響して、いささかイングランド教会（聖公会）について紙数を割きすぎたのではないかと心配しています。イングランドを起点とするプロテスタント教会の重要性をご理解くださいますようお願いいたします。

最後の第12章ではキリスト教の負の遺産にあえて光を当てて、「キリスト教とは何か」という問いに迫ろうという方法をとりました。キリスト教の牧師としては内心忸怩たる思いがあります。一方、歴史の中にはキリスト教の正の遺産、つまり、弱い立場に置かれた人々の側に立ち、命を擲ってもそれらの人々のために働いた人々がおり、その方々が光を放っている出来事があります。あとがきでは最後に、エルサルバドルのオスカル・ロメロ大司教のことを紹介します。

エルサルバドルは中米にある農業国で、人口密度は高く、少数の大土地所有者とアメリカの農業企業に雇用される農業労働者が多数を占めています。「耕作可能面積の60パーセントが、サンサルバドルの14家族に支配[196]されていたと言われており、そこには歴史的根源があります。「1881年、社会の中枢を占める権力者たちは、コーヒー富豪者の保有地を統合させるため、先住の農民の土地権利は認めないという決定をしました」[197]。それに反対して立ち上がった農民たちに対して軍は激しい弾圧を行い、1ヵ月の間に3万人を虐殺したのです。

オスカル・アルヌルフォ・ロメロは1977年にサン・サルバドルの大司教になりました。そして彼の在任中に農民の大虐殺が起こり、それに抗議する司祭や修道士が国外追放され、あるいは次々と暗殺されました。そのような状況の下で、エルサルバドルの人々の側に立ち、軍事独裁政権の不正を告発し、社会正義を訴えたのがオスカル・ロメロ大司教でした。

ロメロ大司教は、貧しい農民を訪れ、彼らこそ「聖霊の神秘」であり、福音の担い手であると強調しました。ローマ・カトリック教会は1968年にコロンビアで開かれた「メデジン司教会議」で「貧者の側に立つ（Option for the poor）」という方針を採択していましたが、エルサルバドルの司教たちは一致してロメロ大司教を支持するまでにはなっていませんでした。しかし、次第にロメロ大司教の情熱と貧者に対する誠実な愛に触れ、一致して貧者の側に立って活動するようになりました。ロメロ大司教は、「貧しい人々は教会が進むべき真実の道筋を示してきました。貧しい人々に対して行われている不正義に対し、彼らの側に立って語らないならば、彼らと一致しないならば、教会はイエス・キリストの真の教会とは言えない[198]」と語り、貧しい人々の運動である「キリスト教基礎共同体（ＣＢＥ）[199]」を支持し続けました。

　１９８０年3月24日、ロメロ大司教は、ディヴィネ・プロビデンス（神の摂理）病院付属礼拝堂で、ミサの執行中に軍事政権の手先によって暗殺されました。この後、激しさを増すエルサルバドルの戦火の中で、さらに多くの人々が殺されていきました。２０１８年10月、ロメロ大司教は、ローマ・カトリック教会によって「聖人」に列せられました。聖公会や他のキリスト教諸教派からも敬愛されています。

　他にも際立った足跡を残したキリスト者がいます。その一人は、２０１９年にアフガニスタンで武装勢力によって銃殺された日本人医師・中村哲です。中村哲はパキスタンとアフガニスタンの人々のためにハンセン病治療や大規模な灌漑用水路の建設を進め、人々の敬意を集めています。また、インドのコルカタ（カルカッタ）で、「死を待つ人々の家」を設けるなど、宗教の別なく貧しい人々に奉仕したマザー・テレサはあまりにも有名です。また、第10章で触れた南アフリカのデズモンド・ツツ主教、エキュメニカルな修道会「テゼ共同体」を誕生させたブラザー・ロジェなどは、現代においてイエス・キリストの愛の教えを実践したキリスト者として人々の記憶に残ることでしょう。

２０００年以上にわたるキリスト教の歴史は、地球全体を覆いながら、様々な展開をしてきました。その中から本書の読者の皆さんが注目すべき出来事や人物を見出すことができればこれ以上の幸いはありません。

最後に、拙著『今さら聞けない!? キリスト教：聖公会の歴史と教理編』（教文館、２０２２）をお読みくださり、世界キリスト教史の執筆へのお誘いを下さったベレ出版相談役の内田眞吾氏、またそれを実現してくださったベレ出版編集部の森岳人氏に心からの感謝を表したいと思います。

著者紹介

岩城 聡（いわき・あきら）

▶1946 年生まれ。京都大学文学部哲学科卒（宗教学専攻）、京都大学大学院文学研究科博士後期課程単位取得退学（キリスト教学専修）。日本聖公会大阪教区司祭、堺聖テモテ教会、川口基督教会牧師、プール学院チャプレンを歴任。現在、ウイリアムス神学館教授。
著書：『聖公会の教会問答－信仰の手引き』（聖公会出版、2013）、『今さら聞けない!? キリスト教－聖公会の歴史と教理編』（教文館、2022）。
訳書：マーク・チャップマン『聖公会物語－英国国教会から世界へ』（監訳、かんよう出版、2013）、デイヴィッド・L・ホームズ『アメリカ聖公会小史』（かんよう出版、2018）、ナイム・アティーク『サビールの祈り－パレスチナ解放の神学』（教文館、2019）ほか多数。

◉── 装丁　竹内 雄二
◉── 本文デザイン・DTP　Isshiki
◉── 図版作成　Isshiki
◉── 校閲　蒼史社

鳥瞰《ちょうかん》するキリスト教《きょう》の歴史《れきし》 宗派《しゅうは》・教派《きょうは》と教義《きょうぎ》の違《ちが》いがわかる

2024 年 5 月 25 日　初版発行

著者	岩城《いわき》 聡《あきら》
発行者	内田 真介
発行・発売	ベレ出版 〒162-0832　東京都新宿区岩戸町12 レベッカビル TEL.03-5225-4790　FAX.03-5225-4795 ホームページ　https://www.beret.co.jp/
印刷	モリモト印刷株式会社
製本	根本製本株式会社

ISBN 978-4-86064-764-3 C0022　編集担当　森 岳人